Manoel Caboclo

Biblioteca de cordel

Manoel Caboclo

Introdução e seleção
Gilmar de Carvalho

hedra

São Paulo 2000

Capa
Júlio Dui

Projeto gráfico e editoração (miolo)
Fabiana Pinheiro

Preparação de texto
Iuri Pereira

Revisão
Artesãs das Palavras

Direção da coleção
Joseph Maria Luyten

Ilustração quarta capa
José Lourenço

Dados Internacionais de Catalogação na Publicação (CIP)
(Câmara Brasileira do Livro, SP, Brasil)

Silva, Manoel Caboclo e, 1916-1996.
Manoel Caboclo / introdução e seleção Gilmar de Carvalho.
-- São Paulo: Hedra, 2000. -- (Biblioteca de cordel)

Bibliografia.
ISBN 85-87328-18-2
1. Literatura de cordel - Brasil 2. Literatura de cordel - Brasil - História e crítica
3. Silva, Manoel Caboclo e, 1916-1996 I. Carvalho, Gilmar de. II. Título. III. Série.

00-0462 CDD-398.20981

Índices para catálogo sistemático:
1. Brasil: Cordelistas: Biografia e obra: Literatura folclórica 398.20981
2. Brasil: Literatura de cordel: História e crítica: Folclore 398.20981

[2000]

EDITORA HEDRA
rua fradique coutinho, 1139 - 2º andar
05416-011 São Paulo - SP - Brasil
telefone/fax: (011) 3897 8304
editora@hedra.com.br
www.hedra.com.br

Foi feito o depósito legal.

Biblioteca de cordel

A literatura popular em verso passou por diversas fases de incompreensão e vicissitudes no passado. Ao contrário de outros países, como o México e a Argentina, onde esse tipo de produção literária é normalmente aceita e incluída nos estudos oficiais de literatura — por isso poemas como "La Cucaracha" são cantados no mundo inteiro e o herói do cordel argentino, Martin Fierro, se tornou símbolo da nacionalidade platina —, as vertentes brasileiras passaram por um longo período de desconhecimento e desprezo, devido a problemas históricos locais, como a introdução tardia da imprensa no Brasil (o último país das Américas a dispor de uma imprensa), e a excessiva imitação de modelos estrangeiros pela intelectualidade.

Apesar da maciça bibliografia crítica e da vasta produção de folhetos (mais de trinta mil folhetos de dois mil autores classificados), a literatura de cordel — cujo início remonta ao fim do século XIX — continua ainda em boa parte desconhecida do grande público, principalmente por causa da distribuição efêmera dos folhetos. E é por isso que a Editora Hedra se propôs a selecionar cinqüenta estudiosos do Brasil e do exterior que, por sua vez, escolheram cinqüenta poetas populares de destaque e prepararam um estudo introdutório para cada um, seguido por uma antologia dos poemas mais representativos.

Embora a imensa maioria dos autores seja de origem nordestina, não serão esquecidos outros pólos produtores de poesia popular, como a região Sul-riograndense e a antiga Capitania de São Vicente, que hoje abrange o interior de São Paulo, Norte do Paraná, Mato Grosso, Mato Grosso do Sul, parte de Minas Gerais e Goiás. Em todos esses lugares há poetas populares que continuam a divulgar os valores de seu povo. E isso sem nos esquecermos do Novo Cordel, aquele feito pelos migrantes nordestinos que se radicaram nas grandes cidades como Rio de Janeiro e São Paulo. Tudo isso resultará em um vasto panorama que nos permitirá avaliar a grandeza da contribuição poética popular.

Acreditamos, assim, estar colaborando para tornar melhor conhecidos, no Brasil e afora, alguns dos mais relevantes e autênticos representantes da cultura brasileira.

Dr. Joseph M. Luyten

Doutor pela USP em Ciências da Comunicação, ex-Professor Visitante da Universidade de Tsukuba (Japão) e da Universidade de Poitiers (França), onde ajudou a organizar o Centro Raymond Cantel de Literatura Popular Brasileira. Autor de diversos livros e dezenas de artigos especializados sobre literatura de cordel, possui mais de quinze mil folhetos e coletou acima de cinco mil itens bibliográficos a respeito da literatura de cordel em âmbito mundial. Atualmente leciona Folkmídia, em nível de pós-graduação, na UNESP e na UNISANTOS.

Sumário

Introdução

1. O mote

Manoel Caboclo e Silva foi autor e personagem de folhetos. Ele poderia ter sido o protagonista de muitos títulos, transitando por diversos ciclos. Tinha muito do encantatório, com a fala sedutora, que narrava histórias do arco da velha, sentado em uma cadeira de balanço, debaixo do caramanchão, revestido por jasmins, da casa onde vivia com a mulher Lia, na rua Todos os Santos, 263, em Juazeiro do Norte.

Não se pode descartar o amarelinho, com a sagacidade com que aprendeu, nos anos 1950, as lições de astrologia e copiou o formato do almanaque de seu sócio, o pernambucano João Ferreira de Lima, daí resultando a elaboração de horóscopos e a edição, de 1960 a 1996, de seu almanaque *O juízo do ano.*

O aspecto mítico estava presente na ênfase com que evidenciava suas raízes indígenas, tecendo uma história mirabolante como o rapto de uma guarani por seu avô na Guerra do Paraguai, episódio desenvolvido em seu livro *Eu, o índio e a floresta.* Ou na importância que a natureza ganhava em seu universo, como algo indissociável da cultura.

A valentia se personificava na maneira altiva com que enfrentava a vida, escrevendo seus textos a mão, passando tudo para a máquina de escrever, recebendo compradores de folhetos, novenas e almanaques como se fosse um ritual, e pondo em funcionamento um parque gráfico marcado pela obsolescência.

O humor despontava nas histórias curiosas, com sentido duplo, malicioso, mas sem nunca resvalar para o mau gosto ou descambar para o baixo corporal.

O romance era vivido pelo homem sempre apaixonado e pelo lado meio folhetinesco de sua vida, sobre a qual ele não gostava de falar, amante ardoroso de muitas amadas.

O devoto não se constrangia de abrir brechas para o irreverente e sonso iconoclasta, que, ao mesmo tempo que elogiava a Igreja, manifestava, em surdina, um anticlericalismo, mais acentuado em relação às novas seitas.

Caboclo como o contador de histórias que não tinham mais fim, como no trancoso, sem pressa de acabar de narrar, como se esse também fosse seu ofício, o de dar forma, por meio da oralidade, a um repertório que podia vir a ser impresso ou ter suas matrizes na cultura escrita.

Ele não era apenas o detentor de um tesouro de vivências, mas a própria sabedoria materializada neste homem alto, de óculos, cabelos brancos e alva camisa de cambraia de linho, que fazia caminhadas diárias pelo centro de uma cidade que ele amava e conhecia tão bem.

A idéia que dava era de ser um monumento vivo, uma dessas figuras fundantes da cultura, um visionário enunciador de uma visão de mundo tão dele e ao mesmo tempo partilhada por seus leitores de todo o Nordeste.

Caboclo confundia-se com as histórias que contava. Narrador e personagem superpunham-se. A reinvenção da memória passava pelas lacunas, acréscimos, repetições e variações. Eram as suas verdades que interessavam. Sua capacidade de fabular abria múltiplas possibilidades em um labirinto onde nunca nos perdíamos.

Talvez seja um dos últimos remanescentes de um saber enciclopédico, herança renascentista, detentor de uma visão de mundo vivo, contraditório e plural. Foi este grande homem que cumpriu o papel que ele mesmo esboçou, espécie de missão, no domínio do delírio e do sonho, espaço privilegiado que chamamos de cultura. Um Manoel Caboclo que é marca definitiva na história da poesia e da edição popular e que se foi, no dia 21 de julho de 1996, deixando um vazio na cultura nordestina.

2. Do álbum de família

O nascimento de Manoel é controvertido, como não poderia deixar de ser. Filho de João Caboclo da Silva e Rita Zeferino de Atayde, nasceu em Belo Jardim, Pernambuco, no dia 2 de janeiro de 1916, de acordo com Sebastião Nunes Batista, em sua *Antologia da literatura de cordel.*

Pela análise dos documentos é impossível precisar, pois ainda que conste ser nascido em Juazeiro do Norte, este pode ter sido o lugar onde foi registrado.

Mais precavidos, Átila de Almeida e José de Sousa Sobrinho, autores do *Dicionário bio-bibliográfico dos repentistas e poetas de bancada*, ressaltam apenas que ele vivia em Juazeiro do Norte, o que é inquestionável.

Já o segundo volume da *Antologia da literatura de cordel*, da Secretaria da Cultura e Desporto do Ceará, diz que Manoel nasceu em Juazeiro do Norte e foi aos seis anos para Caririaçu, que ele preferia chamar pelo antigo nome, São Pedro.

Nessa cidade, a 25 quilômetros de Juazeiro do Norte, em uma região serrana, muito verde e com um clima ameno, o vigário padre Cícero, no século XIX, teria ressuscitado um homem mordido por uma cobra venenosa.

Esse rico imaginário de extração popular deve ter contagiado o menino, com certeza curioso por tudo o que o cercava. Filho de um pequeno sitiante, ele cresceu não apenas em comunhão com a natureza, mas em contato direto com a terra, que ajudava o pai a semear. E isso se reflete em toda sua produção.

O seu próprio nome é controvertido. Ele dizia chamar-se Manoel João da Silva, até incluir Caboclo em seu nome, como uma homenagem a sua avó índia, Francisca Ana de Atayde. Os documentos atestam que seu pai se chamava João Caboclo da Silva, o que, pela lógica, torna o enigma difícil de ser decifrado.

Aprendeu a ler por muita insistência e determinação. Relembrava a magia de uma folha de papel a enrolar uma barra de sabão e o fascínio da palavra impressa. Dizia ser o fragmento de um poema de Leandro Gomes de Barros que leram para ele:

> Alonso comprou um barco
> Que estava no estaleiro
> Procurou um capitão
> Homem destro e guerreiro
> Que fosse conhecedor
> De qualquer mar estrangeiro.

Pediu ao avô uma carta de ABC e ganhou um livro e uns folhetos. Pedia com tanta insistência que lessem para ele que sugeriram que aprendesse. "Depois que eu conheci as letras, fui colecionando aquelas letras e formando palavras", até ser capaz de decifrar a escrita, antecipando o futuro poeta, editor e astrólogo.

Impossível exigir um rigor excessivo em sua cronologia. Seus relatos se acomodam como camadas geológicas e trazem surpresas como os fósseis do mar interior que foi um dia o Cariri.

O menino veio para Juazeiro e foi vendedor de lenha até agregar-se, por volta de 1938, como aprendiz, à folhetaria de José Bernardo da Silva. Inicialmente, catava aparas de papel, depois passou pela composição e impressão e começou a escrever, fato que atribuía à convivência, no espaço da gráfica, com os grandes nomes da poesia.

Em 19 de fevereiro de 1938 casou-se com Regina Alves da Silva, pernambucana de Bodocó, nascida em 4 de dezembro de 1913, filha de Liberato Bezerra dos Santos e Maria Alves de Jesus. A união foi formalizada, de acordo com o Código Civil, em 2 de janeiro de 1950, quando o casal já tinha quatro filhos: Aderson, o primogênito, nascido em 1939; José, xilógrafo e relojoeiro, nascido em 1941; Maria Valdecir e Maria Célia. Tiveram 12 filhos, dos quais apenas esses quatro se criaram.

Nas palavras do próprio Caboclo, nas páginas amarelecidas de um álbum: "Regina era de estatura regular, franzina de corpo, voz grave, cabelos castanhos escuros, cor clara, trajava roupas compostas, não era opiniosa, nem usava de vingança, era querida de todos os vizinhos, adotava a religião católica e nela se manteve até o último dia de sua vida".

A anotação é do próprio punho de Caboclo, ao lado da foto da mulher: "Acometida de insânia, dias depois considerada vítima de infiltração pulmonar". Morreu no dia 17 de abril de 1961, mantida em isolamento, dentro de sua própria casa.

Em 7 de julho desse mesmo ano, ele levou ao altar da Igreja de São Miguel, em Juazeiro do Norte, Maria Nunes de Oliveira, Lia, filha de Miguel Nunes de Oliveira e Rita Maria da Conceição, natural da cidade do padre Cícero, nascida em 10 de maio de 1934. Deste casamento nasceu uma única filha, Ivânia, no dia 14 de dezembro de 1964.

Em um terreno onde se mistura realidade e fantasia, Caboclo contabilizava 19 filhos adotivos, ainda que na dedicatória do livro *Eu, o índio e a floresta* tenha feito referência a apenas sete deles. Vale a pena destacar o sobrinho Arlindo Marques da Silva, o Dinda, que também assinava AMS, e que trabalhou durante alguns anos em sua oficina, cortando capas para folhetos e rótulos para as manufaturas da região.

Em 1948, teria se desligado da Tipografia São Francisco para trabalhar como ambulante, terreno fértil para sua imaginação criadora, o que implicava viagens noturnas, onças e serpentes, emboscadas, deslocamentos até o Piauí e o enriquecimento de seu repertório, a partir dessas vivências.

É quando sua trajetória ganha os contornos do trancoso, com toda a possibilidade do encantamento, nos enredando em uma teia, da qual só temos condições de escapar, para uma reconstituição biográfica objetiva, na virada da década.

3. Novos rumos

Somente a partir dos anos 1950, por insistência do pesquisador Liêdo Maranhão, Manoel tomou consciência da importância de assumir a autoria dos poemas e passou a assinar seus folhetos.

Dizia que antes teria feito alguns, ainda sob a chancela de José Bernardo, o qual, paradoxalmente, estimulava-o a produzir, mas de quem guardava uma disfarçada mágoa, pelo fato de não ter recolhido sua contribuição previdenciária e de não ter pago o que lhe seria de direito por ocasião da rescisão do contrato de trabalho, após dez anos de serviços prestados.

Em um depoimento emocionado, muitos anos depois, ele justificava o fato de não ter recorrido à justiça à gratidão que o ligava ao velho editor, regras de uma ética sertaneja muito pessoal, cuja lógica, cortês, perde-se nesses tempos de cinismo.

Foi na Tipografia São Francisco, no dia-a-dia com João Ferreira de Lima, autor do *Almanaque de Pernambuco* e adaptador, a partir de 1936, desse formato às especificidades populares nordestinas, que nasceu o astrólogo.

A origem do almanaque se perde no tempo. Eça de Queiroz refere-se a uma lenda talmúdica e fala na pressa dos sábios em registrar os conhecimentos antes do dilúvio. O certo é que na Idade Média o *Calendrier des bergers* e os vários *Livros das horas* antecipavam um modelo que se sedimentaria, com os avanços implantados por Gutemberg, ao campo das artes gráficas, retomado como compêndio de consulta obrigatória, a partir do *Lunário perpétuo.*

Ferreira Lima, com seu almanaque — que tinha como ilustração, espécie de ex-líbris e marca, um leão cortado em xilogravura —, não dava conta, tamanho o sucesso editorial, de fazer sua publicação em Caruaru e passou a recorrer à maquinaria de José Bernardo.

A amizade do editor pernambucano com Caboclo evoluiu para a sociedade comercial, e já em 1952 os recibos davam conta da aquisição do equipamento para a Tipografia Lima, estabelecida à rua São Paulo, 695, nas proximidades do Mercado Central. Em uma publicação desse período, Ferreira Lima anunciava que ficaria uma parte do ano em Juazeiro do Norte e a outra em Caruaru.

A parceria que seria desfeita no final desta década, com algum rancor e notas nas quartas-capas de publicações ("estou desligado de toda sociedade com o sr. Manoel Caboclo"), tal como impresso no *Almanaque de Pernambuco* para 1961, implicou a troca de endereço para pedidos de consultas, horóscopos e almanaques, encaminhados a partir de então à rua Todos os Santos, 176, e deixou, como saldo, a estréia de Caboclo como autor e editor de um almanaque só seu.

É importante salientar que na década de 1940 o dr. Diniz, sob o pseudônimo de dr. Israel, lançou, em Juazeiro do Norte, seu *Lunário moderno ou Manual para o nordestano*, que ganhou duas edições e dizia adaptar o *Lunário perpétuo* às condições do hemisfério sul.

Na edição do *Almanaque de Pernambuco* para 1962, mais rancor na nota que dizia ter sido a publicação registrada na Biblioteca Nacional e na provocação de que Ferreira Lima tinha "direito de fiscalizar os espertalhões que colherem as predições do *Almanaque do pensamento e de Pernambuco*, de minha autoria". Finalizava, ainda, com a ameaça de "denunciar a casa editora e agir de acordo com as leis do país".

Caboclo sempre fez questão de minimizar o episódio, que, de acordo com o relato de outros envolvidos, como o gravador Antônio Batista, deveu-se a complicações no acerto das contas, freqüente nas sociedades comerciais.

Depois da ruptura dos laços comerciais com Ferreira Lima, Caboclo ficou com as máquinas, que foram transferidas para sua casa. A impressora, fabricada em Campina Grande por Júlio Costa, ganhou um pedal e um pequeno motor para se tornar mais ágil. Caboclo perdeu a conta dos textos que disseminou por todo o Nordeste, mercado que ele soube conquistar e manter, com sua fidelidade aos saberes tradicionais.

4. A casa/oficina

Em uma cidade onde virgens e mártires dão nomes a ruas, Caboclo se estabeleceu na rua Todos os Santos. Ali instalou sua gráfica, no início dos anos 1950. Era uma casa recuada, com um jardim que amenizava o fato de ficar situada do lado do sol, que batia, inclemente, todas as tardes. Tinha cerca de cinco metros de largura, o que era muito em uma cidade onde o espaço é crucial e onde as casas se justapõem, como em um presépio.

A sala de visitas tinha dois sofás, um oratório com o Coração de Jesus, são José, Nossa Senhora das Graças, são Francisco, um Cristo crucificado e um padre Cícero. Sobre a mesa, uma toalha de renda, um candelabro com uma vela votiva. Nas paredes, a estampa com o Coração de Jesus e o de Maria e um são Francisco amparando o Cristo na cruz.

No quarto do casal, a cama, um armário e um cofre grande, onde guardava dinheiro, documentos, extratos e depósitos da movimentação de sua conta no Banco do Nordeste. Ao lado, o quarto das filhas, ocupado por Roberta, a quem adotara, depois do casamento de Ivânia e de sua mudança para a capital.

Na sala de lazer contígua à sala onde Manoel trabalhava, um televisor, o som e os discos de vinil, além de uma grande mesa, onde colocava a máquina de escrever, todos os papéis, um armário e estampas emolduradas.

Daí se passava para a sala de jantar anexa à cozinha, umbral da oficina, à qual se tinha acesso por uma porta, como uma extensão da casa, um espaço de cerca de 24 metros quadrados onde, além da impressora, acomodavam-se a guilhotina e as gavetas com as caixas de tipos e os baús com os tacos xilográficos. Esse equipamento foi vendido à Gráfica Tupy, logo depois de sua morte, pelo filho José Caboclo.

A escada íngreme conduzia a um sótão, espécie de improvisado jirau, desativado nos últimos anos, onde nos tempos áureos eram guardados folhetos e onde dormia o pessoal que fazia serão.

No quintal da casa, foi erguido o depósito dos materiais e dos impressos, quente e sem ventilação, onde ele buscava os títulos solicitados pelos compradores.

Os folhetos foram produzidos pela necessidade de interferir, de incorporar sua visão de mundo ao universo mítico do cordel. Pode-se falar de uma obra voltada para a recuperação da memória da cidade e para a cristalização e desdobramento do papel do padre Cícero.

Caboclo não foi, por excelência, o poeta circunstancial, o repórter intuitivo, preocupado com o cotidiano, embora estivesse envolvido em todos os momentos da vida do país e tenha escrito *A Seca de 70 — Flagelos — Tremores — Guerra* e, curiosamente, *As enchentes no Brasil no ano de setenta e quatro.*

Foi um dos que cobriram a primeira visita de João Paulo II ao país em *As despedidas do Papa quando saiu do Brasil* e, indignado, relatou o atentado de que foi vítima Sua Santidade em *O Papa foi baleado e voltou pro hospital — 13.5.1981.*

A concessão ao *fait divers*, a banalização da violência, ficou em *O homem que matou sete*, episódio acontecido na Paraíba do Norte, que diz ter ouvido no rádio e lido nos jornais, e cuja autoria dissimulou por meio do pseudônimo de Zé Ambrósio.

Talvez porque fosse editor, descartava a venda a partir do impacto de um acontecimento. Parecia preferir vender determinado título durante um período mais longo, donde a importância de manter um estoque, uma rede de comercialização e a necessidade das sucessivas reedições, já que seus títulos subsistiam à curiosidade inicial.

Chegou a escrever romances de fôlego, como *Jesus, são Pedro e o ferreiro, rei dos jogadores*, com 32 páginas, e *Um casamento no céu ou Adalberto e Alzenira*, com 24 páginas. A maior parte de sua produção, no entanto, é de folhetos de oito páginas, perfazendo 16 títulos dos 46 que constam no catálogo que organizou, ainda que se saiba que sua produção foi muito maior do que os registros indicam.

Ainda que transitasse pelas histórias de amor (*Mulheres de pedra*, *Ronaldo e Susana no rio do Miramar*, *Geraldo e Madalena na fazenda mal-assombrada*, *Juvenal e Cristina*), de lutas (*O valente Cascavel do sertão alagoano*, *O valente Cobra Choca na pega do lubisome* [sic], *O valente João Canguçu*, *Os cabras de Antonio Silvino*, *O casamento do negão*), de gracejo (*Namoro da velha debaixo da cama*, *O homem que deu à luz um menino*), a maior parte de sua produção concentra-se na vertente religiosa.

Títulos como *O homem que deu a luz ao diabo*, *O homem que virou bode*, *Sexta-feira da Paixão* ou *O menino que nasceu com a pintura do cão* aproximam-no de João de Cristo Rei, ainda que não fosse um beato ou não tivesse o dom manifesto da profecia.

A enunciação do mito seria, para Caboclo, a ampliação de um território mágico. Mais que alavancar negócios, padre Cícero dava sentido à sua vida, e o seu intuito deliberado era fazer propaganda do santo popular de sua gente. O que não o impedia de explorar um filão que sabia rentável em toda a região nordestina, de olho no mercado de bens simbólicos marcado pela religiosidade popular.

Os principais episódios da vida do Padrinho foram registrados por Caboclo. Essa lista inclui relatos das primeiras romarias (*A visita dos romeiros como era antigamente*), fatos extraordinários (*O milagre do padre Cícero em Roma onde celebrou uma missa e fez um surdo-mudo falar*), pregações (*O sermão do padre Cícero no ano de trinta e dois*), exemplos (*O homem que mandou comprar chuva ao pe. Cícero do Juazeiro*), com os castigos a quem desobedecesse às ordens do "santo do povo". Exemplar era a transferência que fazia da liderança do Padrinho para o sucessor frei Damião (*O sonho de frei Damião com o padre Cícero profetizando a era de 90*, *A mulher que virou bicho porque profanou de frei Damião*, *A queixa de Satanás a frei Damião* ou *Satanás resolveu falar com frei Damião*), sempre de acordo com a leitura que as camadas populares fazem dessas figuras lendárias.

Estabelecer polêmicas estava fora de suas pretensões. Como devoto e como editor de folhetos, ele teria de dar aos seus compradores a versão que aceitavam como a verdadeira, daí ter evitado o confronto com a Igreja, que, por meio de vários porta-vozes, considerava fraudulentas as práticas de Cícero Romão Batista, o que, de certo modo, era a atitude recomendada pelo líder religioso.

Caboclo assinou alguns folhetos em parceria com Expedito Sebastião da Silva (*O divórcio de Zé da Lasca*), João de Cristo Rei (*O brabão de Potengi*) e João Cordeiro Lima (*A vaca da costela de pau*), a quem considerava um bom poeta, "mas de fraco português", que lhe pedia para escrever versos em seu nome. A mesma observação era feita em relação a José Bernardo.

Não fica bem claro se era tramóia, jogada mercadológica ou puro prazer de poetar a dois ou se todas as hipóteses se embaralham em um quadro mais complexo das questões autorais.

Sua importância para a cultura popular faz com que possa ser comparado a Luiz Gonzaga, Cego Oliveira ou Patativa do Assaré, não só pelo que desenvolveu como poeta de bancada, mas pela iniciativa e criatividade que desafiavam a mesmice de uma crise, permanentemente anunciada, e pelo vigor com que imprimia sua marca ao universo da cultura tradicional.

Como todo empreendedor, Caboclo não perdia de vista o lucro. Na quarta-capa de um folheto de 1958, anunciava a impressão de rótulos de bebida e cigarros, folhetos, cartões e blocos, como forma de manter suas máquinas sempre em movimento e de prestar melhores serviços aos clientes, em tempos de competitividade.

Essa atividade contribuiu muito para a intensificação da xilogravura utilitária, e poucos anos antes de morrer ele se desfez desses tacos, cuja maior parte integra hoje o acervo do Instituto de Estudos Brasileiros da Universidade de São Paulo (IEB-USP).

Também utilizou um formato de folheto em que as oito páginas incluíam a capa e a quarta capa, com um planejamento gráfico que reduzia o miolo a seis páginas, economizando não apenas papel, mas parte do processo de acabamento, como o uso de cola ou grampos.

Formou sua oficina com profissionais do mercado, como o impressor Antônio Batista (Relojoeiro), um dos grandes nomes da xilogravura cearense, Antenor Silva e José Marques, e com filhos (naturais ou adotivos) que se iniciavam com ele e contribuíram para dinamizar a folhetaria Casa dos Horóscopos.

Um dos seus prestadores de serviços era o gravador

Walderêdo Gonçalves, cratense que viveu um tempo em Juazeiro do Norte e assinou algumas capas de folhetos e um sem-número de rótulos e ilustrações para suas publicações. Quando não podia contar com José ou com Arlindo, ele mesmo cortava os tacos de umburana.

A casa/oficina era uma espécie de corporação de ofício com seu mestre, artífices e aprendizes, uma referência na editoração popular nordestina de todos os tempos.

5. Retrato falado

Caboclo, do alto de seu mais de um metro e noventa, destacava-se do padrão do nordestino médio. Preferia roupas brancas, mas passou a usar o azul, com certa parcimônia. Usava chapéu de massa e seus óculos tinham armação grossa, desajeitada, com lentes arranhadas.

Gostava de dormir na cama. Comia moderadamente, de preferência verduras e frutas. Fumou quando era novo, e não abria mão do café adocicado que dona Lia deixava na garrafa térmica. O enfisema pulmonar que o acometeu deve ter sido seqüela do excesso de cigarros.

Tinha afeição por cães e dona Lia recolhia alguns doentes, na rua, que eles tratavam com desvelo. Na área de serviço alguns papagaios faziam algazarra quando algum estranho se aproximava.

Caboclo trabalhava muito e não gostava de ser interrompido, nem para comer, e às vezes varava a noite, principalmente no fechamento do almanaque. Quando concluía a edição, acendia duas caixas de velas para o Divino (Espírito Santo).

Não era homem de igreja, mas a devoção ao padre Cícero era levada a sério. Abria espaço para milagres do santo popular, desde que a informação fosse comprovada.

Meticuloso, era capaz de fazer uma viagem para comprovar a veracidade de um fato e só depois fazia a divulgação.

Gostava muito de conversar com quem batia à sua porta. E vinham desde compradores de folhetos e almanaques até agricultores a quem ele recorria para saber dos sinais de chuvas e das condições de vida de seu povo.

Caboclo se sentia bem debaixo do caramanchão e contava a história de que o jasmim tinha sido presente de uma missionária norte-americana. Era um entusiasta da arborização da cidade, um preceito do padre Cícero que, ecologista antes do tempo, pedia que as pessoas transformassem a cidade em um jardim.

Para os netos, que moravam na vizinhança, tinha sempre umas moedas para que eles comprassem balas.

Gostava de estar bem informado e via os telejornais. Lia muito, mas os discos sempre pareciam decorativos, ainda que dona Lia dissesse que ele gostava muito de Luís Gonzaga. Não bebia, mas às vezes gostava de uma cerveja para acompanhar a refeição. De temperamento explosivo, suas raivas eram momentâneas, passageiras. Como índice de sua fidelidade, não dormia fora de casa.

Pessimista em relação ao futuro do cordel, desfiava uma lista de poetas que haviam morrido na miséria e elogiava Patativa do Assaré, que, segundo ele, "pensa como um sábio e fala como uma criança".

Deixou alguns bens, a casa da viúva Lia, um terreno na esquina da Todos os Santos com a São Bernardo e uma casa na rua Pio X. Mas o que não tem preço é sua história de vida e seus originais, mesmo sendo difícil imaginar alguém que se disponha a recolocar seus títulos no mercado.

Era debaixo do caramanchão, nas cadeiras de balanço, que Caboclo fechava negócios e descansava. Foi assim que muitas retinas fixaram-no na memória, como um instante de luz.

6. O catálogo

Caboclo pôs uma cunha no mercado e passou a competir com José Bernardo. Não se tratava de uma luta pela hegemonia da produção e comercialização do cordel, mas por um lugar em um negócio promissor. De certo modo, era o que faziam Olegário Pereira, também em Juazeiro do Norte, e Joaquim Batista de Sena, em Fortaleza, de quem Caboclo era representante no Cariri, para não deixar de falar nos poetas que rejeitavam a figura do editor-proprietário e mandavam imprimir seus próprios cordéis, como João Quinto Sobrinho, o Cristo Rei.

A rede de distribuição e comercialização de folhetos funcionava com seus agentes e representantes. Caboclo anunciara, em um de seus títulos, que tinha agentes em Campina Grande e Recife, prova inconteste do vigor de seu empreendimento.

O trem facilitava e barateava o transporte de passageiros e de cargas. O roteiro básico era o das festas religiosas e o circuito das grandes feiras.

Havia uma expectativa pela chegada do mascate e a mercadoria bem aceita pagava as passagens, a hospedagem e a alimentação, e permitia que muita gente vivesse desse comércio.

O romance era um dos itens da bagagem desses ambulantes que ocupavam o centro da cena, por conta de uma performance que incluía a sedução e a interrupção do relato para provocar o impulso da compra do exemplar.

O transistor não se disseminara pelo sertão, e a televisão ainda não havia chegado, com sua aparente gratuidade.

Nesse contexto, ainda havia leituras coletivas de folhetos nos terreiros das fazendas, como ao pé das fogueiras, durante a Idade Média. Eram freqüentes as pelejas dos cantadores, e a transmissão de um imaginário encantatório se fazia por meio da oralidade e dos folhetos de feira. Caboclo abastecia esse mercado ávido pelos lançamentos e fiel aos clássicos, editor de verdade que era, antenado com as expectativas de seu público.

Ao longo do tempo ele formou seu improvisado catálogo, datado de 1978, cujas capas, para facilitar as vendas, eram coladas num álbum, no formato do papel ofício, em sentido horizontal, trazendo na folha de rosto a inscrição "Livros de cordel em estoque". Havia 122 títulos, subdivididos em romances, folhetos de 16 e de 8 páginas, além das novenas e orações, a maior parte no formato do cordel, com capas em xilogravuras, de larga aceitação, num quadro de forte religiosidade popular.

Esse documento, de fundamental importância, teria ainda maior valor se ele tivesse preservado os folhetos inteiros, e não apenas suas capas. Mas os textos continuam guardados nos baús, constituindo os originais, como ele os chamava.

No final dos anos 1950, a energia de Paulo Afonso era uma expectativa. A Sudene — uma promessa de desenvolvimento a partir da industrialização, que se tentou implantar no Nordeste — e a seca de 1958 tinham deixado muitas seqüelas.

Apesar de tudo, Caboclo não dava sinais de desânimo, continuava a fazer versos, a aceitar encomendas de horóscopos e partiu para a sua mais arrojada iniciativa, o lançamento da *Folha do ano*, embrião do almanaque *O juízo do ano*, editado a partir de 1959 (edição para 1960), que ele manteve em circulação ininterrupta até 1996.

Pode-se afirmar, sem medo, que *O juízo do ano*, título pinçado de uma das partes do *Lunário perpétuo*, foi sua grande contribuição, uma espécie de síntese de toda sua vida e obra.

Essa publicação representou a sedimentação de um lastro de informações, selecionadas e impressas, que ficavam à disposição dos sertanejos para consulta diária, o ano inteiro, por toda a família, como uma obra de referência e vulgarização de conhecimentos que mesclava o científico — tal como compreendido por esses intérpretes populares — à sabedoria tradicional.

Com o formato de um folheto de cordel (16,5 x 12 cm), capa em papel colorido com impressão em preto e com uma xilogravura, dados de identificação e um acróstico a partir da palavra Nordeste, miolo em papel jornal, média de 24 páginas e ilustrado por matrizes xilográficas e outras de metal que faziam parte de seu acervo, o almanaque veio disputar o mercado com outras publicações congêneres, em um rol que incluía, além da publicação de Ferreira Lima, *O Nordeste brasileiro*, de Manoel Luís dos Santos, o *Calendário brasileiro*, de Costa Leite e o *Almanaque* do *Nordeste*, de Vicente Vitorino de Melo, entre os mais expressivos.

Era um Nordeste profundo que se informava e se divertia graças a esses intérpretes e divulgadores de um saber ancestral, que eles atualizavam em cada edição.

7. Idade de ouro

O almanaque significou o grande impulso para as atividades de Caboclo. Ele aproveitou a morte de José Bernardo, em 1972, e as conseqüentes complicações sucessórias da folhetaria concorrente para dar um novo impulso à sua Casa dos Horóscopos.

Curioso que tenha passado por cima de todas as crises, principalmente pelo aumento do preço do papel e pela depreciação do próprio folheto, tido como algo anacrônico, numa prevalência da ideologia desenvolvimentista. Afrontou a mídia eletrônica, com a difusão do rádio de pilhas e da televisão, já consolidada como uma das instâncias da integração nacional e forte instrumento de controle durante o regime militar.

Caboclo continuou a fazer seus folhetos, adquiriu os direitos de publicação de parte da produção de João de Cristo Rei e, atrevidamente, em 8 de outubro de 1974, do conjunto da obra de Joaquim Batista de Sena, com direito a registro em cartório, atitude nem sempre obedecida no que se refere à editoração de cordel.

Junto com os folhetos de Sena — poeta com uma produção respeitável, em termos de qualidade e quantidade de títulos, que saiu de Guarabira, na Paraíba, e percorreu o Nordeste versejando e vendendo folhetos, na atualização de um jogral sertanejo, e que acabara de desativar sua folhetaria Graças Fátima, em Fortaleza — vieram os cordéis de Luiz da Costa Pinheiro, autor do *Boi mandingueiro e o cavalo misterioso* e o clássico *Romance do pavão misterioso*, de José Camelo.

O almanaque *O juízo do ano* puxava as vendas. Eram mais de 35 mil exemplares vendidos por edição, nesses tempos áureos. Caboclo estava perfeitamente sintonizado com seu público, respondendo às expectativas e aos anseios populares com a informação necessária, no momento certo.

Ele partiu do *Almanaque de Pernambuco* que, por sua vez, partira de outras matrizes, levando em conta a aceitação dos similares eruditos (introduzidos no Brasil pela editora

Laemmert, em 1844), dos almanaques de farmácias e das folhinhas de santos. E assim encontrou a sua fórmula.

O juízo do ano fazia a dosagem exata do calendário, dias santificados e feriados, previsões astrológicas, efemérides da astronomia, conselhos de saúde, recomendações aos agricultores, máximas e pensamentos, anedotas e um núcleo permanente de textos laudatórios do padre Cícero.

Esse produto teve grande aceitação, durante várias décadas, em todo o Nordeste, e hoje se inscreve como uma lembrança nostálgica, item de coleção de instituições e de estudiosos das culturas populares, descolado de seu flanco informativo.

Nos últimos anos, Caboclo tentava seduzir, nostálgico dos "bons tempos" que nunca voltariam. Seu almanaque passou a ser produzido, a partir da década de 1970, pela Gráfica Sobreira, também de Juazeiro do Norte, em razão da exigência de um parque gráfico mais sofisticado para dar conta das grandes tiragens.

As vendas despencaram, então, para cerca de 5 mil exemplares anuais. Ele encaminhava os textos datilografados, sem muita certeza do que entraria na publicação, que para todos os efeitos era editada por sua mulher Maria Nunes de Oliveira, dona Lia.

Em um texto inédito, Caboclo estabeleceu as regras para se fazer um almanaque. Como um decálogo, essas normas passavam pelo cálculo dos números áureos, do planeta regente e dos dias caniculares. Curioso era ele admitir que o concorrente *Almanaque do pensamento* era sua fonte para o cálculo dos eclipses e das fases da lua.

Na página dedicada à carta do editor, ele incluía uma fotografia com a data de seu primeiro almanaque, como se fosse aquela a imagem pública que gostaria de congelar, à prova de envelhecimento.

8. A leitura dos astros

A iniciação esotérica de Caboclo se deu com as aulas informais de João Ferreira de Lima, nas mesas compridas da Tipografia São Francisco, anexa à casa de José Bernardo, à rua Santa Luzia, 263, onde eram feitos a dobra e o acabamento do almanaque e dos folhetos que ele publicava em Juazeiro do Norte.

O poeta Expedito Sebastião da Silva, outro aluno atento da decifração dos enigmas dos astros, não foi tão longe quanto Caboclo na elaboração de horóscopos, mas chegou a desenvolver regularmente essa atividade, conforme se pode depreender da leitura dos anúncios inseridos nas quartas-capas de alguns cordéis com o selo de sua casa editora.

Pedidos de previsões eram encaminhados às folhetarias, e as consultas podiam ser breves, médias ou mais detalhadas, dependendo da curiosidade e, principalmente, do poder aquisitivo de cada um.

Com o tempo foram aumentando as ofertas, com a inclusão, além das consultas, de anéis astrológicos, talismãs, pedras, perfumes, cruzes de caravaca, o que poderia assegurar bons fluídos aos que temessem as linhas tortas do destino.

Caboclo discorria longamente sobre as conjunções astrais. Ele antevia para si uma fase difícil — que talvez não tivesse forças para superar — sob a influência de Saturno, "o grande maléfico", planeta de seu signo capricórnio.

O acidente vascular cerebral que sofreu em 1993 fez com que perdesse muito de sua agilidade e brilho. Não era o mesmo conversador loquaz de antes, repetia alguns trechos e a narrativa tinha lacunas e superposições. Começava a sentir o peso do tempo.

Ele poderia ter uma significativa recuperação com chá de endro e com aguardente alemã, mas o ritmo da narrativa foi outro. Machucou o pé com a queda de um cofre, e o fato foi considerado um milagre do padre Cícero, que impedira o esmagamento. Contudo, o acidente resultaria, posteriormente, na amputação, com o agravamento da doença que provocou sua morte.

Freqüentemente, as conversas resvalavam para o hermético. E esse domínio sobre o infinito aumentava sua autoridade. Preso a uma visão saudosa do passado, Caboclo discorria sobre um presente sem brilho e antecipava um projeto de futuro.

As encomendas de horóscopo continuavam minguadas e as páginas datilografadas em sua Olivetti portátil, modelo Lettera 32, eram enfeixadas em capas de cartolina nas quais a impressão do taco de umburana prometia "o destino pelas estrelas". Despachados em envelopes especiais, onde estavam impressos conselhos e lições de vida, não chegavam mais no ritmo que ele desejava. O endereço para correspondência, publicado no almanaque, trazia o cauteloso aviso de que o telefone 511 1977 não receberia ligações a cobrar e, por fim, cancelou sua caixa postal.

O seu lado profético era chancelado pela escrita, em grossos volumes encadernados. Compêndios esgotados de editoras esotéricas, que ele não gostava que fossem folheados pelo visitante, eram índices de sua tradição iniciática. Páginas amarelecidas que apresentavam tabelas com números áureos e rudimentos de cabala, suporte para seus conhecimentos das ciências herméticas, e que ficavam sobre a mesa de seu confuso gabinete de trabalho.

Quem batesse palmas no portão vislumbraria seu vulto recortado contra a luz mortiça que se contrapunha ao sol incandescente do lado de fora.

Nas conversas, o que viria se enredava com o presente, com a insistente idéia de crise, a lamentação pela carestia e o desmantelo do país que não acertava o passo.

Caboclo fazia a tessitura de um mundo pessoal que apontava para o amanhã, onde planetas seriam responsáveis por chuvas abundantes ou verões tórridos, pela fartura ou pela miséria. O arcano solar poderia trazer um grande amor, com a fugacidade de uma estrela cadente nos céus de Juazeiro. Ou uma perda irreparável que poderia ser carpida com o luto que cobre todo dia 20 os devotos do padre Cícero.

Os astros eram para Caboclo uma maneira poética e cifrada de ler este vasto mundo, desafiador e imprevisível.

9. A biblioteca

O diploma na parede da sala, emitido pelo Centro Latino-americano de Parapsicologia da Faculdade de Filosofia Nossa Senhora Medianeira, em São Paulo, de um curso de difusão universitária, realizado de 20 a 23 de julho de 1977 e ministrado pelo professor José Lorenzotto, legitimava seus conhecimentos como um troféu e evidenciava que seu compromisso com o esoterismo era bastante forte.

A estante permanece intacta como um índice de seus conhecimentos e um precioso roteiro de suas leituras. Envolve autores obscuros, do que Jerusa Pires Ferreira chamou de "cultura das bardas", uma vertente da indústria cultural voltada para a divulgação esotérica e para a auto-ajuda, revestidas de uma aura de cientificidade.

É onde vamos encontrar Sellen Jazer, com *A leitura do nosso destino pelas estrelas compiladas das ciências ocultas*, ou Francisco Valdomiro Lorenz e seu *A sorte revelada pelo horóscopo cabalístico* ou o *Manual de astrologia e numerologia — Grandes revelações sobre os mistérios do destino*, do professor Rubens Peiruque, ou mesmo um volume de capa dura do alquimista Paracelso.

Em uma miscelânea que associa curiosidade pessoal com a necessidade de aumentar o repertório, a poeira se acumula sobre uma versão do *Kama Sutra*; *As hortaliças na medicina caseira*, de Alfredo Balbach; *O maravilhoso mundo dos sonhos*, de Silvano Ventura; *Os santos do ano*, de autoria do padre Campos Góis, ou o *Dicionário universal de curiosidades*, de Da Costa e Silva, Myrtes de Carvalho e Caio Alves de Toledo.

Os provérbios de Salomão, comentados por E. T. Malcolm, dividem espaço com o anônimo *O verdadeiro livro das clavículas de Salomão*, a personagem bíblica que dá nome ao "signo", uma referência dos estudos esotéricos.

O *Dicionário de rimas para portugueses e brasileiros*, de Costa Lima, pode ter sido útil na elaboração dos seus folhetos, como o *Dicionário escolar da língua portuguesa*, de Silveira Bueno, deve ter assegurado sua obediência à norma culta. Da mesma forma, o *Almanaque para senhoras* de 1921, fundado por Guiomar Torrezão, em 1871, deve ter sido uma das matrizes para *O juízo do ano*, e as inúmeras edições do *Almanaque do pensamento* e *O romance da astrologia*, de Omar Cardoso, de tão usados para as consultas astrológicas, apresentam-se mutilados.

Uma edição ilustrada da Bíblia parece ter uma função

mais decorativa e, aberta sobre um suporte de metal, convive com a bibliografia sobre cordel, de cujas antologias ele era verbete e nas quais tinha seus folhetos transcritos.

Um livro de capa dura, como se fosse um livro de atas, servia para que ele afixasse pedidos, endereços, números de telefones e a correspondência, com um cuidado que facilitaria o trabalho de quem se debruçasse sobre sua vida e sua obra.

Esse nível de organização, ressalvada a precariedade dos meios de que dispunha, não é comum no universo da produção popular e mostra que Caboclo tinha consciência da importância do que fazia — não só como meio de vida, mas como uma espécie de missão. Afinal de contas, ele era consciente de que tinha uma empresa e chegava a imprimir o CGC (07.042.591/0001-09) na capa de seus folhetos.

10. O livro da vida

A trajetória de Caboclo fundiu oralidade e escrita, ciência e magia, passado e futuro na trama de um texto tão rico quanto as experiências que ele acumulou. Como agricultor, ambulante, poeta, astrólogo e editor viveu intensamente cada instante, com a serenidade e a grandeza que só os sábios são capazes de ter.

Na oficina, extensão de sua casa, ele poderia ter composto sua vida por meio dos tipos móveis, com paciência e determinação. Uma história para ser ilustrada pelas xilogravuras de José Caboclo ou de Arlindo Marques.

Vida em folheto e no barbante, vendida por um insistente ambulante não para ser lida, nas feiras, pelos compradores apressados e desatentos ou nas vigílias, que não acontecem mais, nos terreiros das fazendas. Como ele disse em um bilhete perdido (ou achado) em uma gaveta: "Este mundo é um livro/ cada livro é uma página". Caboclo foi um mestre. De gestos contidos, assumia um tom professoral quando falava. O narrador incorporava a argúcia e o poder de convencimento do camelô e a argumentação monocórdia do devoto. Emendava histórias numa teia sem fim, nas mil e uma noites (e dias) de Juazeiro do Norte. Talvez essa fosse sua grande forma de expressão, e ele teria encontrado na performance uma magnitude que seus textos impressos apenas insinuam.

Caboclo perseguiu durante anos a idéia da publicação de seu livro *Eu, o índio e a floresta*, espécie de guia ou de mapa para se compreender sua visão de mundo: o respeito ao governo e à Igreja, que ele dizia serem seu pai e sua mãe, mas também um certo pessimismo. Sentia-se traído pela previdência, que não lhe pagava em função do que havia contribuído para uma aposentadoria sem percalços, e muito desamparado.

Durante anos, os originais ficaram em uma gaveta, cuidadosamente preparados, inclusive com ilustrações dos gravadores de sua casa editora. O livro recebeu o Prêmio Ceará de Literatura Popular, em 1993, e foi publicado e lançado no ano seguinte, constituindo sua última grande contribuição escrita. Trata-se de um rico e, aparentemente, confuso caleidoscópio de sentimentos e impressões. Um roteiro de vida, uma profissão de fé e um manual de profecias.

Intérprete dos sonhos do sertão, guardião de uma memória que não pode se perder, porta-voz dos que fazem da esperança seu impulso de vida, Caboclo reinventou para nós o mundo da cultura, com o som dolente de sua litania de oráculo, o correr da pena do poeta de bancada e o matraquear de suas velhas máquinas que ecoarão para todo o sempre por este sertão adentro ou pela rua Manoel Caboclo, no bairro José Geraldo da Cruz, arrabalde da cidade, tal como votado pela Câmara Municipal na última sessão do ano de 1996.

Porque, como ele disse em um momento de inspiração, "cordel não é aquele que está pendurado num cordão/ é aquele que foi feito com as cordas do coração".

Gilmar de Carvalho
Professor no curso de Comunicação Social da UFC e Doutor em Comunicação e Semiótica pela PUC/SP.

A visita dos romeiros como era antigamente

Romeiros de meu Padrinho
Que aqui estão presentes
Queiram prestar-me atenção
Para ficarem cientes
Como era as romarias
Do povo de antigamente

Se reuniam as famílias
E planejavam primeiro
Quem desejasse conhecer
O padre do Juazeiro
Marcava uma data certa
Pra viajar em janeiro

Trinta a quarenta pessoas
Tomavam a decisão
De alpercata nos pés
Nas costas um matulão
Uma cabacinha d'água
E um rosário na mão

Viajavam quase um mês
Rompendo pedra e areia
Ao meio-dia almoçavam
À noite não tinha ceia
Cantando sempre o Bendito
Da Mãe de Deus das Candeia

Oh! Que viagem tirana
Fazia o pobre romeiro
Meio-dia descansava
Na sombra de um visgueiro
À noite se agasalhava
No meio do tabuleiro.

Naquela mata esquisita
Um dormia; outro velava,
Um tigre preto na mata
De quando, vez esturrava
Se o fogo se apagasse
A onça vinha e pegava

Às quatro da madrugada
Os romeiros se assanhavam
Se levantavam do chão
Um cafezinho tomavam
Jogavam a maca nas costas
Novamente viajavam

Ouviam pelo sertão
A Mãe da Lua cantar
A onça roncar na serra
A arara gritar no ar
A cigarra nos gravetos
A seca anunciar

O bacurau na estrada
Fazia um vai-e-vem
A seriema cantava
Uma coruja também
Se viajava dez léguas
Não se encontrava ninguém

Quando encontrava alguém
Era tudo cangaceiro
Que estendiam as armas
E perguntavam primeiro:
Me contem pra onde vão
Me digam se é romeiro?

O pai da família tremendo
Dizia: seu capitão
Garanta nossa família
Nesta mesma ocasião
Nós todos somos romeiros
Do padre Cícero Romão

O chefe daquele bando
Ouvindo a narração
Respondia: Muito bem!...
Sigam sua direção
Dê lembrança ao padre Cícero
Quem mandou foi Lampião

Em cada árvore continha
Uma cruz assinalada
Comemorando um sinal
Ou uma data marcada,
Muitas ossadas de gente
Se viam pelas estradas

Aqui, ali, uma cruz
Onde um cristão morreu
No pé da cruz, folhas verdes
Que alguém lhe ofereceu
Como saudosa lembrança
De quem também já viveu

Adiante outros diziam:
Tanta mulher, tanto homem
Vocês vão pra Juazeiro
Vai tudo morrer de fome
Se apertar uma seca
O que é que vocês comem?

Respondem tudo de vez:
Não temos medo de nada
Nossa Senhora das Dores
É a nossa advogada
Morro quando Deus quiser
E a hora for chegada

Avistaram uma casinha
No meio da travessia
Pediram uma gota d'água!
Porém a mulher dizia:
Eu não dou água a ninguém
Que a jarra está vazia?

Disseram muito obrigado!
Não se dá gosto ao cão?
Quem vai para Juazeiro
Vai buscar a salvação
Dada pela mãe das Dores
E o padrinho Cícero Romão.

Às nove horas do dia
Na barra do rio chegaram
Na sombra de um gameleiro
O matulão arrearam
Não passou cinco minutos
Os cangaceiros cercaram

Foram revirando tudo
Matulão por matulão
Me digam se traz dinheiro?
Um deles disse que não,
Nós vamos a Juazeiro
Do padre Cícero Romão

O chefe disse: Rapazes
Não se ofende a ninguém
Gente lá do padre Cícero
De Deus a proteção tem,
Romeiros: Rezem por mim
Pra eu ser feliz também?

Só fazia um minuto
Que um velho tinha saído
Deu-lhe uma dor de barriga
Lá na pedreira encolhido
Era quem tinha o dinheiro
Numa mochila escondido

Vem gente de toda parte
Deles trazendo os filhinhos
Sofrendo a sede e fome
Naqueles longos caminhos
Crianças de pés descalços
Mais não sentiam os espinhos

Vinha romeiro bem rico
E outro pobre pedindo
Um por curiosidade
Outro cumprindo o destino
Outro pagando promessa
Bem satisfeito sorrindo

Daquela feliz viagem
O povo com alegria
Nossa Senhora das Dores
Servindo de companhia
Chegava no Juazeiro
Às nove horas do dia

Bem pertinho da igreja
Se podia observar
Um lindo pé de coqueiro
E uns pés de jatobá
As sombras deste arvoredo
Pros romeiros se arranchar

E meu padrinho morava
Na rua de são José
Onde hoje é o museu
Emblema da boa-fé
Ensinando a seus romeiros
"Como ensinava Noé"

Levantava as mãos ao céu
Pedindo à Virgem Maria
Pra defender os romeiros
Pela noite e pelo dia
Em toda parte do mundo
Defendesse a romaria

Depois que fazia entrega
Rezava uma oração
Cantando o Senhor Deus
Com a maior devoção
Pra nos livrar do inferno
Pedia o santo perdão

Oh! Meus amados romeiros
Tenham bom comportamento
Perdoem o seu inimigo
Prestem este juramento
Perante a Mãe de Deus
E o Divino Sacramento

Quem matou não mate mais
Deixe a perversidade
Não queira ser insolente
Não maltrate a Divindade
Um dia vai prestar contas
A Deus na Eternidade

Quem roubou não roube mais
Restitua a seu senhor
Não queira ser desonesto
Nem perverso enganador
Se não deixarem os crimes
Deus castiga com rigor

Daqui para o fim do século
A terra nos falta o pão
Dinheiro perde o valor
Não dá pra alimentação
Cuidem da agricultura
De sul a norte e sertão

O tempo desmantelado
Numa grande bandalheira
O que se ganha num mês
Só dá mesmo pra uma feira
Farinha vai ser vendida
Nas garrafas em prateleira

A carestia é tão grande
Que a produção não dá
O homem ainda sendo rico
Precisa de trabalhar
Derramar suor do rosto
Para se alimentar

Outros para sobreviverem
Terão que comer trocado
Rico morrendo de raiva
E o pobre sem o bocado
Não há quem faça corrente
Para suprir o mercado

As reformas serão tantas
Que fará tudo mudar
Filho não conhece o pai
Homem não quer trabalhar
A mulher não quer ter filho
Nem rapaz quer se casar

Quem ouvir estas palavras
E prestar bem atenção
Rezar pra Nossa Senhora
Tomando por devoção
Neste mundo terá paz
E na outra a salvação

Quem vier pra Juazeiro
Visitar Nossa Senhora
Grave bem minhas palavras
Guardando tudo em memória
Conselhos do padre Cícero
São caminho para a glória.

Jesus, são Pedro e o ferreiro
Rei dos jogadores

Cada qual tem uma sina
Segundo diz o rifão.
Um mais e outro menos
Um diabo, outro cristão
Portanto cada um
Tem a sua profissão

No ano de trinta e um
Da nossa era vulgar
Jesus filho de José
Levava o tempo a pregar
A santa lei do Eterno
De quem vivia a tratar

Pedro seu apóstolo amado
Como diz a profecia
Um amigo inseparável
Para sua companhia
Para sofrer junto a ele
Não lhe deixava um só dia

Dizem que num certo canto
De uma localidade
Habitava um sujeito
De pouca amabilidade
De cor branca mais ou menos
Mas de péssima qualidade

Vivia de bater ferro
Conhecia da matéria
Porém por causa do jogo
Só vivia na miséria
Sofrendo de todo mundo
Desonra, falso e pilhéria

Viúvo pai de três filhos
De pobreza se cobria
Agarrado no martelo
Lutando de noite e dia
Porém tudo que ganhava
Dentro do jogo perdia

Meia pataca por dia
era o que ele ganhava
Três bolinhos de vintém
Para os garotos comprava
Cinco vinténs no baralho
Diariamente gastava

Vestia quando lhe davam
Era um ser desprotegido
Uma só rede não tinha
Vivia quase despido
Os filhinhos não morriam
Por Jesus não ser servido

Perto dele residia
Uma classe desgraçada
De jogadores piratas
Quadrilha amaldiçoada
Roubando a quem encontrava
Deixando tudo sem nada

Ele era um dos tais
Que sofria a mesma dor
Por viciado que era
Tinha o mesmo dissabor
Essa desonra que faz
Esse vício tentador

Um dia pelas seis horas
Depois que tinha jantado
Foram chegando dois homens
O mais moço bem barbado
Com um gesto sacrossanto
De quem estava adoentado

O mais velho com carícia
Pediu para se arrancharem
Devido à longa viagem
Não podiam mais andarem
Queriam aquele abrigo
Pra bem cedo viajarem

Ele aí disse que sim
Falou bastante cortês
O rancho eu dou de bom gosto
Mas saibam vossas mercês
Lima rede aqui não tem
Nem pra mim nem pra vocês

Eu sou pobre nada tenho
Peço que não admirem
Tenho duas esteirinhas
Porém dou para dormirem
Só é isso e nada mais
Vocês aí que se virem

Sou um batedor de ferro
Levo o meu tempo a lutar
De dia estou no martelo
À noite, passo a jogar
Sofrendo, nu sem progresso
Cercado pelo azar

Sou um ser desprotegido
Cercado dos maus destinos
Tenho guardado três pães
Para os meus três pequeninos
Dou dois pra vocês e um
Partirei com os meninos

Os viajantes disseram-lhe
Não precisa sacrifício
Guarde suas esteirinhas
São elas seu beneficio
Não se vexe que nós somos
Amadores do suplício

Basta nos dar um cantinho
Para nos agasalhar
Guarde suas esteirinhas
Porque pode precisar
Chegam mais tarde os colegas
Onde é que vão jogar?

Seu coração é fiel
São bons os prodígios seus
Deixe os pães para as crianças
Aceite os dizeres meus
Nem só do pão vive o homem
Mas sim da graça de Deus

Porém ele trouxe os pães
E rogou que recebessem
Fizessem o seu pedido
Os dois pãezinhos comessem
E ali durante a noite
Nada eles padecessem

Os viajantes plácidos
Como prêmio receberam
Ele com muita carícia
Trouxe água, eles beberam
Ali devido ao enfado
Logo após adormeceram

Às sete horas da noite
Chegaram os jogadores
Dizendo: Traz as esteiras
Ele disse: Bons senhores
Das esteiras eu fiz cama
Pra deitar dois amadores

Disseram-lhe os jogadores:
Atrasasse a profissão
Vai tomar tuas esteiras
Deixa ficarem no chão
Quem sabe se esses dois
Não vêm te fazer traição

Disse ele: São dois pobres
Cobertos de sofrimentos
Falou um dos jogadores:
Talvez sejam dois nojentos
Desses que andam no mundo
À toa, péssimos, leprentos

Disse ele: Nem que sejam
Com isto me sinto bem.
Sendo assim traga o baralho
Veja o dinheiro que tem
Com pouco mais o ferreiro
Não tinha mais um vintém

Quando foi às cinco horas
Os homens se levantaram
Ele depressa fez chá
Os viajantes tomaram
Pegaram nos seus cajados
Pela estrada marcharam

Leitor, aqueles dois homens
Nem um era conhecido
Sabeis que um era Pedro
Do salvador escolhido
O outro era Jesus
O Messias prometido

Porque nesse mesmo tempo
Andavam em excursão
Nas terras da Judéia
Com a sagrada missão
Ansinando todo povo
A santa religião

Vamos falar de são Pedro
Que a Cristo repreendeu
Porque dormiram na casa
Daquele bom galileu
Bem cedinho regressaram
Jesus nada agradeceu

Disse Pedro para o Mestre:
Não gostei do teu papel
Aquele homem tão bom
E tu foste tão cruel
Isso será uma mancha
Para o povo de Israel

Disse Jesus: Ora Pedro
Tu bem vês meus horrores
Eu vivo tão perturbado
Que nem me lembro os favores
Devido às perseguições
Dos malditos tentadores

Mas tu voltas e diz a ele
Que eu mando saber então
A que é que ele quer
Deposito em sua mão
Ser o rei dos jogadores
Ou ganhar a salvação

Pedro voltou de carreira
Agradecer-lhe os favores
Dizendo: Venho saber
Se tu queres os primores
Das glórias da salvação
Ou rei dos jogadores?

Disse ele: Dê licença
Eu vou imaginar primeiro
Quando pensou uns minutos
Respondeu muito ligeiro:
Eu quero é ser jogador
Pra desforrar meu dinheiro

Disse são Pedro: Coitado
Perdeu a santa mansão
Disse ele: Eu sinto muito
Não ter de Deus o perdão
Porém muito mais perdi
Pra essa corja de ladrão

Disse são Pedro: Ó! irmão
Quanto é bom o Paraíso!
Perder as graças divinas
Onde está o teu juízo?
Disse ele: Está no jogo
E muito mais no prejuízo

Disse são Pedro: Tu sabes
Que o homem é subalterno
Todo jogador não pode
Conversar com Deus eterno
Se perder, perdeu a alma
Se ganhar é o inferno

Disse ele: Tens razão
Rua palavra é sagrada
Porém do jeito que vivo
Não estou ligando nada
Só eu sei o que padeço
Dessa corja condenada

Disse Pedro: A salvação
É a ventura maior
Herdar o reino de Deus
Para que coisa melhor
Disse ele: Para mim
Perder dinheiro é pior

Disse Pedro: Aquele homem
Que mandou-lhe essa missão
É Jesus, pai dos aflitos
A chave da salvação
Quem perder a graça dele
Nunca mais terá perdão

Pois o senhor diz pra ele
Que haja me perdoar
Só não quero a salvação
Por não poder suportar
Os roubos dessa canalha
De quem quero me vingar

São Pedro lhe disse: Adeus
Adeus e muito obrigado
Quando são Pedro saiu
Ele disse: Estou firmado
Jogador de hoje em diante
Comigo come tampado

São Pedro disse a Jesus:
Ele não quis a salvação
Me disse que o baralho
Lhe dava mais posição
Jesus disse: Assim será
Entre toda geração

Vamos falar sobre ele
Quando Pedro se ausentou
Pegou depressa o baralho
Numa pedra se sentou
Formou a mesa sozinho
E o baralho traçou

Juntou quatro jogadores
Somente no pensamento
Ali cortou o baralho
Deu as cartas de momento
Para ver se já estava
Dando certo seu invento

Os jogadores supostos
Sua cartas receberam
Ele aí correu a banca
Os outros enfraqueceram
Ele ganhou sem maçada
E os supostos perderam

Traçou de novo o baralho
Passou-se o mesmo mister
Desse jeito, disse ele,
Eu jogo com quem vier
Já tenho plena certeza
Que o baralho me quer

Nesse dia bateu ferro
Sem dar atenção a nada
Dizendo para consigo:
Anda corja desgraçada
Que a cama de vocês
Está muito bem forrada

Hoje quando eles chegarem
Vou bancar frase grosseira
Digo que estou indisposto
Não aceito brincadeira
Depois caio na bancada
Faço a maior bagaceira

Como de fato à noite
Ele bancou diferente
Chegaram os jogadores
Tudo alegre e contente
Dizendo tudo na prosa:
Vamos jogar meu parente

Ele disse: Meus colegas
Hoje não quero jogar
Além de não ter palpite
O meu dinheiro não dar
Disse um deles: Você
Só conversa no azar

Disse ele: É isso mesmo
Não suporto mais sofrer
Disse outro: Não reclame
Que seu costume é perder
Eu vou entrar com vocês
Só para desparecer

Sentou-se e mandou a banca
Fazendo tapeação
Para os outros não cismarem
Perdeu a primeira mão
A segunda e a terceira
Fez a mesma posição

Ganhou a quarta e a quinta
A sexta banca perdeu
Ganhou sete, oito e nove
Ali da mesa se ergueu
Dizendo: Vamos negrada
Que o bamba daqui sou eu

Um jogador disse a outro:
Vamos ter muito cuidado
Olho aberto mão ligeira
O baralho encamaçado
Fazer pior do que gato
Que ele hoje está danado

Disse ele: Estou firmado
Pode jogar quem quiser
Jogador comigo come
Coisa que porco não quer
Jogador comigo perde
Pode ganhar se eu der

Os jogadores da mesa
Nova atitude tomaram
Inventaram novos jogos
Porém se desmantelaram
Disse um só sendo mesmo
Feitiço que me botaram

Um jogador disse: Pronto
Alisei que só quiabo
Mais tarde um disse: Quebrei
Sem ter dinheiro desabo
Disse ele: Estou na banca
Jogo até com o diabo

Os jogadores perderam
O derradeiro vintém
Ele ali disse sorrindo:
Amanhã quem é que vem?
Disseram: Pra ser roubado
Talvez não venha ninguém

Disse ele: Eu admiro
Vocês estarem sem ação
Porque já querem até
Mudarem de posição
Só porque me encontraram
Acordado com ladrão

Como vocês não me querem
Amanhã vou viajar
Seguirei de mundo afora
Jogarei com quem topar
O próprio diabo querendo
Comigo tem que jogar

No outro dia bem cedo
Guardou os trapos que tinha
Recomendou os três filhos
Na casa de uma vizinha
E saiu dizendo: Agora
Testo até com a murrinha

Partiu com o seu baralho
Carpindo os revezes do fato
Onde topava com jogo
O fuxico era danado
Ganhava de todo mundo
Deixando o povo assombrado

Um dia pela tardinha
Ele pensou um segundo
Dizendo: É muito dinheiro
Para quem é vagabundo
Porém deixo pra meus filhos
Quando for para o outro mundo

Às cinco e meia da tarde
Era um dia de finado
Ele avistou uma casa
Num certo monte escarpado
Disse ele: Ali tem jogo
E partiu desesperado

Já muito perto da casa
Ele foi observando
O povo todo cismado
Uns saindo, outros entrando
Como que ali tivesse
Qualquer coisa se passando

Notou naquelas pessoas
Um aspecto de pavor
Espanto, medo e tristeza
Pena, susto e dissabor
Ele disse: Aqui tem jogo
Responderam: Não senhor

Aqui existe é um doente
Com a maior confusão
Deixando tudo assombrado
Devido tanta visão
Que chega deixar no povo
Tristeza e perturbação

O senhor vê este povo?
Porém tá tudo assombrado
Grito, pancada, assobio
Gemido pra todo lado
Só parece ser demônio
Do Satanás enviado

Esse homem é um perverso
Não pode ter salvação
Matou o pai e a mãe
Assassinou um irmão
Deflorou duas irmãs
Não pode alcançar perdão

Um perverso desse jeito
E todo cheio de praga
À noite se acende luz
Um grande besouro apaga
Porém dentro do inferno
Todo esse horror ele paga

É oito, dez, quinze homens
Todos com a vista nele
Na hora que se afastam
Ouvem logo os gritos dele
Com quatro, cinco moleques
Querendo levarem ele

Disse o batedor de ferro:
Tenho pena, coitadinho
Eu não sou igual a ele
Mas vou no mesmo caminho
Vá se deitar todo mundo
Que eu pastoro sozinho

Disse um: Meu bom amigo
Aqui não é brincadeira
Hoje é que tem assombro
Justamente sexta-feira
Nisso deram grande esturro
Em cima da cumeeira

Disse ele: Se retirem
Sozinho quero ficar
Vou logo fazer um fogo
Ver se alguém vem apagar
Porque se assim se der
Eu principio o azar

Foi depressa num curral
Quebrou um monte de vara
Fez um fogo no salão
Toda sala ficou clara
Sentou-se perto dizendo
Quem for duro meta a cara

Nisso ouviu um grande berro
Ele virou-se era um bode
Meteu um pau e lhe disse:
Vou acabar o seu pagode
Tome vara e vá embora
Comigo você não pode

O bode soltou um berro
Que a casa estremeceu
Na mesma hora um negro
No salão apareceu
Dizendo com voz maldita:
O mandão aqui sou eu

Disse ele: Então me diga
O que é que você quer?
Disse o negro: Eu topo tudo
Da maneira que vier
Então lá vai cacete
Agüente se puder

Disse o negro: Pare um pouco
Nós temos que conversar
Então vá dizendo logo
Para depois apanhar
Disse o negro: Meu negócio
É todo em particular

Particular de que jeito?
Queira logo me dizer.
Disse-lhe o negro: Esse homem
Que está perto de morrer
Pertence a mim e ninguém
Não lhe pode defender

E que poder tem você!
Pra levar a alma de alguém?
Disse o negro: Tu não sabes
As faltas que ele tem
– Então diga quais são elas
Que quero saber também

Disse o negro: Tu já sabes
Não preciso te explicar
Porque a poucos minutos
Ouvi alguém te contar
– Justamente, mas o homem
Você não pode levar

Não levo? Ora, não levo
Quem manda nele sou eu
Era só o que faltava
Um bicho que Deus me deu
Vem agora esse pateta
Querer tomar o que é meu!

Pateta não! Me respeite
Péssimo, infeliz, tentador
Nojento, infame, perverso
Maligno, perseguidor
O homem você não leva
Negro sujo traidor

O negro disse: Se cale
É bom que fale moderno
Porque até você mesmo
Já está no meu caderno
De uma vez que não quis
As graças de Deus eterno

Te lembras daquele dia
Lá na tua habitação
Que Jesus te ofertou
As graças da salvação
E tu não quis pra seguir
Nesta péssima profissão?

Perdeste o Céu divino
Abraçaste a Satanás
Agora já me pertence
Me diga o que é que faz?
Disse ele: Isso é nada
Acho pouco e quero mais

Nem vai eu nem vai o homem
Dessa casa ninguém sai
Se você meter-se a besta
Fica no tronco e não vai
Se eu engrossar de vera
Até o inferno cai

O negro aí conheceu
Que ia correr perigo
Disse a ele: Venha cá
Eu quero falar consigo
– Venha cá não, me respeite
Que negócio tem comigo?

Disse o negro: Você joga?
– Jogo e tenho a volta crua
Disse o negro: Sendo assim
Nossa prosa continua
Vamos apostar a alma
Desse homem contra a sua?

Disse ele: Muito bem
Deu certo no meu pirão
Disse o negro: Mas o jogo
É feito com condição
Uma alma contra a outra
Logo da primeira mão

Se você ganhar a dele
Recebe sem resistência
Se também perder a sua
Tenha santa paciência
O jogo é duro tinindo
Aqui não há providência

Disse ele: Não converse
Trinque os dentes vamos ver
Eu vou traçar, você corta
Depois não vá se torcer
Seja a feliz quem ganhar
Leva a tampa quem perder

Ele pegou o baralho
Jogou pra cima, traçou
Antes das cartas caírem
O negro também cortou
Tirando suas três cartas
Pela resposta esperou

Ele disse: Que diabo
Dessa vez não joguei bem
Disse o negro: Eu tenho trinta
Desse jeito me convém
Ele disse: Vale nada
Eu tenho trinta também

Eu vou traçar, disse o negro
Ele respondeu: Pois não
O negro fez o camaço
Ele prestou atenção
Dizendo: Com esse agora
Perdeste todo pirão

O negro lhe deu as cartas
Tratando de coagir
Dizendo: Peça que eu fico
Com trinta não vou seguir
Eu tenho também três bodes
Mas dessa vez vou pedir

Pegou a carta de baixo
Com muita calma e respeito
Chorou mais de dez minutos
Depois arrastou de eito
Tirou o ás e gritou:
Nem padre santo dá jeito

Perdeu negrão, desta vez
Pegue a reta e caia fora
O negrão disse: Ladrão
Me roubaste nessa hora
Disse ele: Não converse
Quebre o chifre e vá embora

Disse o negro: Não é nada
Tu também és meu amigo
Disse ele: Vá embora
Se não quer levar castigo
Que o resto do segredo
Lá no inferno te digo

O negro rangiu os dentes
Com um gesto desgraçado
Deu um salto e um estouro
Fedeu a chifre queimado
Ele sorriu e gritou:
Te some condenado

O fumaceiro cobriu
A sala ficou tremendo
Quando a fumaça passou
Ele ouviu alguém gemendo
Era o tal moribundo
Que se ultimava morrendo

Ele pegou um tição
Do fogo que acendeu
Correu buscando o inferno
Agarrou no braço seu
Meteu-lhe o fogo na mão
Depressa o cabra morreu

Ele gritou para o povo
Dizendo: Venha minha gente
O cabrão já levou fim
Tomem conta do presente
Que eu preciso girar
Atrás da minha semente

Deu adeus e foi embora
Seguiu a sua jornada
Quando andou vinte quilômetros
Topou grande palhaçada
Um fantasma temeroso
Bem no centro da estrada

Ficou olhando espantado
Vendo aquela arrumação
Falou gritando: Quem é?
Será de novo outro cão?
Já sei que estou caipora
Pra me topar com visão

Vamos, me diga quem é
Senão entra no cambito.
Disse a visão: Sou a alma
Expulsa de Deus bendito
Que tu mandado por ele
Me resgatou do maldito

Disse ele: E foi você
Que ganhei de Lúcifer
Disse a visão: Foi eu mesmo
Faço o que lhe convier
— Sendo assim vamos embora
Viver como se pode

O diabo já me disse
Que estou no seu caderno
Sendo assim eu nem vou perto
Das graças de Deus eterno
Porém se Deus der o fora
Iremos para o inferno

Dizendo isso partiu
Com a alma em companhia
Não deixava a companheira
Em toda parte que ia
A alma da mesma forma
Não lhe deixava um só dia

Até quando viu o dia
De sua consumação
Deixou a vida terrestre
Subiu a Santa Mansão
Para ser visto no Céu
Do Santo Deus de Abraão

Porém chegando no Céu
Não pôde alcançar vitória
Porque são Pedro lhe disse:
Tu estás fora da glória
Aqui no Céu está escrito
Os crimes da tua história

O desprezo que me deste
Está escrito no caderno
Vai procurar teu refúgio
Nos vacos triste do inferno
Não faz o que tu fizeste
Quem quer o bem do Eterno

Ele junto à companheira
Disse: Vamos regressar,
Estou ciente que no Céu
Não querem nos colocar
Porém numa parte dessa
Haveremos de ficar

Dizendo isto desceu
Das regiões siderais
Deixando os campos divinos
Dos mundos celestiais
Os trilhos tímidos dos astros
Dos recantos divinais

Desceu no giro das trevas
Na direção do maldito
Perdeu as forças sagradas
Do coração infinito
A obra angélica puríssima
Do patriarca bendito

Porque Pedro tinha dito
O Céu é purificado
Quem ganhar ele está salvo
Será bem-aventurado
Quem não ganhar ficará
Para sempre condenado

Infeliz daquele que
Jesus do Céu condenar
Porque perde o pão celeste
Jamais poderá gozar
Será metido nas trevas
Pra nunca mais se salvar

Conforme os feitos da vida
Depois da consumação
Pode receber em troca
A triste condenação
Onde ficará para sempre
Chorando sem punição

As almas iam descendo
Quando Pedro disse assim:
Perdeu as graças celestes
Por um vício tão ruim
Agora seu sofrimento
Talvez não tenha mais fim

Recebeu em sua casa
Eu e Deus, o nazareno
Nos deu água e comida
Dormida no seu terreno
Abrir-lhe a porta eu não abro
Mas condenar não condeno

Todo apostolado sabe
Que ele foi bom amigo
Porque pobre como era
A Deus do Céu deu abrigo
Por isso nenhum do Céu
Pode ser seu inimigo

Tanto que lhe dei conselho
Pra não cair no abismo
Porém o jogo corrupto
Lhe botou no cataclismo
Nunca mais pode limpar-se
Desse cosmopolitismo

O Mestre, Deus nazareno,
Não queria condená-lo
Dentro do seu próprio reino
Pretendia colocá-lo
Porém devido ao escândalo
Cristo não pode abraçá-lo

Todos que não aceitarem
Os santos fruto queridos
Ficaram pra vida eterna
Para sempre esquecidos
Dentro das chamas ardentes
Chorarão de arrependidos

Ele não quis salvação
Antes quis ao baralho
É tarde, não pode mais
Receber seu agasalho
Quem sai da graça divina
Pode entrar mas dá trabalho

Quando são Pedro calou-se
Sentiu nos pés um abalo
Era o diabo dizendo:
Dê licença eu também falo
Não precisa se vexar
Eu tenho onde botá-lo

Disse são Pedro: Te calas
Monstro, infiel, traidor
Retira-te dos meus pés
Triste dragão tentador
Senão te mando esmagar
Pelo anjo do Senhor

Não precisa disso, Pedro
Tu sabes que ele é meu
Tu diz assim porém sabes
O que foi que sucedeu
É bom que fique calado
Dê voto no que for seu

Finalmente o Satanás
Disse isso e retirou-se
Vamos falar no ferreiro
Quando do Céu ausentou-se
Depois de está no inferno
O que com ele passou-se

Assim que ele chegou
Deu logo um coice na porta
Disse o diabo: Vão ver
Quem é aquela marmota
Disse o ferreiro: Um perdido
Que chegou de carga torta

Disse o diabo: Porém
Acho bom me respeitar
Disse ele: Não converse
Abra a porta, eu quero entrar
Se não fizer o que quero
Tenha por certo o azar

O porteiro abriu a porta
O Satanás veio ver
Dizendo: Já lhe conheço
Porém queira me dizer
Quem é esse outro cara?
Não interessa saber

Não interessa por quê?
O diabo perguntou
— Porque você já conhece
De tudo que se passou
Perdeu ele no baralho
Seu galo velho ganhou

Acho bom que me respeite
Se quiser passar melhor
Eu sou o Príncipe das Trevas
Sou o governo maior
Disse o ferreiro: Pra mim
De todos és o pior

Disse o Satanás a outros:
Levem esses celerados
Posem eles nas moedas
Depois de bem esmagados
Botem nas mesas ardentes
Para serem triturados

O ferreiro gritou: Dessa vez
O inferno se revira
Quebro, rebento, esbandalho
Quem for pequenino estira
O próprio Deus nas alturas
Do que eu fizer se admira

Os diabos investiram
Ardendo como pimenta
Ele pegou um espeto
Com fúria mais violenta
Jogou nos quartos de um
Que a ponta saiu na venta

Quebrou a perna de outro
Deu na cara de caifás
Traspassou três de uma vez
Derrubou o Satanás
Que se levantou dizendo:
Também assim é demais

Quebrou os chifres de quatro
Outro saiu sem cabeça
Deu na rainha dizendo:
Peço que não endoideça
Apanhe calada, não berre
Se tiver cão apareça

Disse o diabo: Se suma
Que eu não quero mais vê-lo
Disse ele: Fale baixo
Me trate com mais modelo
Senão eu acabo o resto
Com o maior desmantelo

Você disse lá no Céu
Que tinha lugar pra mim
Como acovardou-se agora
Já vem me dizer assim
Os cantos que você tem
Só prestam pra cabra ruim

Fica-te aí miserável
Iludidor sem vantagem
Que eu vou subir agora
Ao sino angélico da aragem
Ter a última solução
Da divina personagem

Dizendo isto subiu
Junto a sua camarada
Cortou a abóbada infinita
Chegou na terra sagrada
Onde o Deus da natureza
Fixou sua morada

Chegou na porta do Céu
São Pedro lhe perguntou:
O que vieste buscar?
Ele disse: Aqui estou
Porque no mundo das trevas
Satanás me rejeitou

Portanto quero saber
Onde é que vou ficar?
São Pedro disse: Demore
Vou com o mestre falar
Conforme a palavra dele
Eu venho lhe despachar

São Pedro falou a Cristo
Porém Jesus disse: Não
Ele não quis aceitar
As glórias da salvação
Mande que ele se suma
Nas trevas da perdição

Disse Pedro: Dê licença
Ele não fez tanto mal
Basta que não agravou
Teu poder celestial
Disse aquilo aperreado
Na luta material

Quando passamos por lá
Alegre nos recebeu
Nos deu rancho, pão e água
Tomou dos filhos e nos deu
Uma só mancha não tinha
Dentro do coração seu

Disse Jesus: Por que ele
Não aceitou o meu perdão?
Disse são Pedro: Por causa
Da maldita precisão
Que lhe obrigava a cair
Na vala da perdição

Porém tinha outros meios
Para ele se defender
Disse Pedro: Cada um
No cargo que exercer
Principalmente a pobreza
Que nada tem pra comer

Disse Jesus: Chama os outros
Venha minha mãe também
Saber dela e dos apóstolos
Se esse acordo convém
Dar salvação a um homem
Que nem um direito tem

Pedro chamou e chegaram
A Virgem de Nazaré
São Bernardo e são Joaquim
São João e são Tomé,
São Jorge, são Benedito,
São Afonso e são José,

São Cosme, são Damião,
Santo Antônio e são Miguel,
São Serafim, são Gregório,
São Bento e são Rafael,
São Tiago e são Francisco,
São Marcos e são Gabriel

Aliás chegaram os outros
Cumprindo a mesma missão
Disse Jesus: Minha mãe
Quero sua opinião
Disse ela: Estou de acordo
Que lhe dê a salvação

Está salva – disse Jesus
Disse Pedro: Muito bem
Disse Jesus: Essa outra
É pra se salvar também
Porque é colega dele
Ficar fora não convém

As santas graças de Deus
O ferreiro recebeu
Os anjos todos cantaram
A favor do que se deu
O diabo apanhou na cara
E o que tinha perdeu

Manoel Caboclo e Silva
Conserva bem na memória
A lembrança da história
Baseada fica lendo
O lunário descrevendo
Ciência da astronomia
Livretos em poesia
Os versos vai escrevendo

Adalberto e Alzenira ou O casamento no céu

Ó musa inspiradora
Vem confortar minha lira,
Enquanto copio e traço
Neste meu verso caipira
A vida de dois amantes:
ADALBERTO E ALZENIRA!

Tudo passa neste mundo
No palco da ilusão:
A vida é um barco cansado,
O tempo um rei em ação,
O homem um ser perseguido
Cumprindo a lei da razão

Já faz mais de um século
Que este caso foi passado
No reino da Alexandria
Quando um barão afamado
Tinha uma filha única
A quem levo meu tratado

Este barão orgulhoso
Antigamente viveu
E sua filhinha única
De sete meses nasceu
Criada em berço de ouro
Rapidamente cresceu

Era a jovem mais bonita
De toda aquela cidade
Muito meiga e carinhosa,
Cheia de amabilidade,
Tinha a inocência da ave,
Era um anjo de bondade

Seu pai era orgulhoso,
Cheio de muita avareza,
Não falava com um pobre
Pra não manchar a riqueza;
Enquanto Alzenira era
Chamada Mãe da Pobreza

Dona Maria da Glória
Perto dela residia
Viúva mãe de dois filhos
Ambos nasceram num dia
Só era esta a riqueza
Que a viúva possuía

Um filho era Adalberto,
O outro era Clemente
Dois moços trabalhadores
Andavam decentemente
Sabiam ler e escrever
E falar corretamente

Viviam do seu trabalho
Numa perfeita harmonia.
Sua mãe bem satisfeita
Constantemente vivia,
Mas a gente nunca finda
Do jeito que principia

Um certo dia Alzenira
Do jardim presenciou
Que Adalberto ia passando,
Seu coração palpitou
Com uma daquelas flores
Para o rapaz acenou

Ele um pouco demorou-se
Para lhe cumprimentar.
Se aproximou do jardim
Para com ela falar.
Naquele feliz momento
Começaram a se amar!

Trocaram juras de amor
De um com outro casar.
Deixaram por fiador
Um Deus perante o altar
E combinaram os dois
Para em segredo se amar

Alzenira lhe ofertou
Um beijinho por lembrança
E ele beijou-lhe a face
Em prova de confiança
Para num dia feliz
Celebrarem a aliança

Adalberto saiu pensando
Na beleza da donzela,
No orgulho do barão
E como casar com ela.
Ele sorria e chorava
Quando se lembrava dela

Os traços da formosura
Ele guardou na lembrança
De casar com Alzenira
Não tinha quase esperança
Porque a sua pobreza
Causava desconfiança

Muito segredamente
Foram então se amando.
Para ela uma cartinha
Adalberto ia mandando
E uma criada velha
Todas as cartas levando

Mas a mãe de Alzenira
Um dia presenciou
A negra com uma carta
Logo avançou e tomou
Depois que leu a missiva
Para o barão entregou

Quando o barão leu a carta
Ficou de estuporar
Dizendo: Filha maldita
Pobre não tem o que dar;
Pra não lhe fazer vergonha
Eu o vou mandar matar

Antes te dou um conselho
Embora você não tome:
Rica que casa com pobre
A beleza se consome,
Fora da sociedade
Da família perde o nome

Disse Alzenira: Papai
Mude a sua opinião
Ainda eu encarcerada
Morrendo numa prisão,
Tudo o senhor liquida
Menos a minha paixão

Disse o barão: Atrevida;
Ele tem que se ausentar
Não lhe dou mais de três dias
Para ele se retirar
Ou obedece esta ordem
Ou o mandarei matar

Alzenira entrou no quarto
Morrendo de agonia
Chorando e pedindo a Deus,
Rogando à Virgem Maria
Que defendesse Adalberto
Daquela selvageria

As lágrimas banhavam o rosto
Chorando a exclamar:
Uns nascem pra ser felizes
E outros para penar
Uns nascem para sorrir
E eu nasci pra chorar

Escreveu uma cartinha
E mandou pra seu amante,
Dizendo: Tu te ausentas
Para uma terra distante,
Confias no meu amor
Que já te amo bastante

É sobre o nosso amor
Que devemos combinar.
Papai já está ciente
E veio comigo falar
E já baixou um decreto
Para mandar te matar

Adalberto leu a carta
E para o irmão mostrou.
Clemente disse: Adalberto
A teu lado sempre estou
Tu não precisas sair,
Fica meu irmão, eu vou

Como somos irmãos gêmeos
Com uma só impressão,
Tu ficas e eu vou embora
Por este alto sertão
Vou procurar para nós
Uma melhor região

O povo acreditará
Que você foi quem sumiu
E eu vou no seu lugar,
Logo aí se despediu.
Montou-se no seu cavalo
Na mesma hora partiu

Nos sertões naquele tempo
Não havia tanta gente,
Nas estradas esquisitas
Só tinha lobo e serpente
E de vinte em vinte léguas
É que morava um vivente

No meio da travessia
Quando o dia anoiteceu
Deu liberdade ao cavalo
Ali mesmo adormeceu
Mais tarde veio um tigre
Sangrou Clemente e comeu

Chegou o dia marcado
Clemente não escreveu,
Nem mandou uma notícia
Deste paradeiro seu.
Sua mãe pensou consigo:
Foi Clemente que morreu

Não se teve uma notícia
Que fim levou o Clemente.
Dona Maria da Glória
Adoeceu de repente
Pelo desgosto que teve
Morreu instantaneamente

Adalberto chorou muito
Fez grande exclamação
Se maldizendo da sorte
Que fazia compaixão.
Agora estava sozinho
Sem pai, sem mãe, sem irmão

Lançou mão de uma pena
E escreveu na mesma hora
Uma cartinha dizendo:
Esclarecida senhora,
Alzenira dos meus sonhos,
Adeus, eu já vou embora

A minha sorte é ingrata
Aqui não posso ficar.
Levo o coração partido
Por não poder te levar
Levo comigo a saudade
Depois venho te buscar

Vou embora pelo mundo
Procurar o meu irmão,
Depois em uma cidade
Vou procurar um patrão
Quando já estiver rico
Venho falar com o barão

Muito triste e pesaroso
Fez a carta e assinou.
Com o coração partido
A dita carta mandou.
Montou-se no seu cavalo
Pelo mundo viajou

Alzenira leu a carta
Disse: A vida não convém
Se ter um ausente amor
Que nenhum direito tem
Ou caso com Adalberto
Ou não caso com ninguém

Deixo aqui Alzenira
No seu horrendo sofrer
Para falar em Adalberto
Como pôde enriquecer
E quanto tempo passou
Para poder lhe escrever

Percorreu muitas cidades
Por muita terra distante
Na cidade de Lonrez
Num ponto comerciante
Fez uma sociedade
Que teve lucro bastante

Ficou logo como sócio
Pela sua simpatia.
Em pouco tempo arranjou
Uma avultada quantia
E já era acionista
Do Banco Aristocracia

Seu patrão observava
Seu comportamento.
Mas uma grande tristeza
Cobria-lhe o pensamento
E lembrando de Alzenira
Redobrava o sofrimento

Assim passaram seis anos.
Aquele moço empregado
Já era rico bastante,
Ganhava um bom ordenado
E pra casar com Alzenira
Já tinha um plano formado

Um dia ele resolveu
Para ela escrever
Falando em sua riqueza
E também no bem-querer.
Agora tinha a certeza
Do barão corresponder

Deixo aqui o Adalberto
Cumprindo o destino seu
Pra falar em Alzenira
O que lhe aconteceu
Com a tristeza que teve
De repente adoeceu

Com a ausência de Adalberto
Ela logo entristeceu.
Deu-lhe uma grande fraqueza
Nem comeu e nem bebeu,
Deu-lhe a febre maligna
Não teve jeito morreu

Mas antes dela morrer
Uma carta lhe escreveu
Na qual dizia: Querido
Foi este o destino meu.
Meus olhos gotejam lágrimas
E por amor morro eu

Nasci num berço de ouro
Criei-me entre os prazeres
A dor, a tristeza, o choro
São meus extremos seres.
Sei que vou me acabar
Nunca mais há de me veres

Na vida o que mais me dói
É não ver o meu benzinho
Sofrendo neste abandono
Sem ter mais o teu carinho.
Não sei se ainda vives
Ou já levou descaminho

Já faz um ano e seis meses
Que me vejo aqui sofrendo
Sem ninguém ter compaixão
Deste meu sofrer horrendo
Mas nada consigo
Termino sempre morrendo

Na mesma carta dizia:
Tive a sentença do "réu"
Já sou um corpo sem vida,
Minha alma um fino véu
Nossa jura foi no mundo
E o casamento é no céu

Na gaveta da saudade
A carta depositou.
Depois um lindo vestido
Decentemente trajou
Cruzou as mãos sobre o peito
Na mesma hora expirou

Depois dos seus funerais
Foi que o barão encontrou
A carta que Alzenira
Para Adalberto deixou
Letra do seu próprio punho
O seu nome assinou

O barão leu a cartinha
Com muito zelo guardou.
Fazia quase seis anos
Quando um carteiro chegou
Deu uma carta ao barão
Que Adalberto mandou

Quando o barão recebeu
O envelope rasgou
Leu na carta a notícia
Que Adalberto enricou
Quase morre de desgosto
Na mesma hora chorou

Logo de imediato
Outra carta escreveu
Contando para Adalberto
Tudo que aconteceu
E do desgosto que teve
Quando Alzenira morreu

Adalberto satisfeito
Todo dia esperava.
Até que chegou o dia
Que o carteiro entregava
Uma carta registrada
Que o barão lhe mandava

Abriu a carta e leu
Dizendo ser pesadelos
Corria pra todo lado
No meio dos atropelos
Igual a um louco varrido
Arrancando os cabelos

Cobriu-se todo de luto
Não quis comer nem beber,
Assim passou muitos dias
Naquele horrendo sofrer.
Não cortou mais o cabelo,
Deixou a barba crescer

Como todas coisas mudam
Até o comportamento,
A filha de seu patrão
Lhe dava algum alimento
E lhe enxugava as lágrimas
Nas horas de sofrimento

Era a jovem Margarida
Que vinha lhe confortar
Para tirar-lhe a tristeza
Começava a conversar
Mas ele sempre dizia:
Nunca mais hei de casar

Margarida disse: Moço
Não fique tão triste assim
Venha passear comigo
Andar por este jardim.
Vamos assistir à missa
Na Igreja do Bonfim

Ele aceitou o convite
E foi lhe acompanhando
Até aquela igrejinha
A Deus do céu foi orando
E pela tal Margarida
Ele foi se apaixonando

E demorou poucos dias
Ele se deliberou
Casar com a Margarida
Com seu patrão combinou,
Marcaram a data e o mês
Até que o dia chegou

Marcaram o casamento
Para as onze horas do dia.
Em uma solenidade
O padre da freguesia
Aquele feliz noivado
No altar os casaria

Margarida já estava
De palma, véu e capela
Nove damas a seu lado
De grinalda igual a ela
E o governo do estado
Era a testemunha dela

Mas antes do casamento
Um portador foi chegando
Cumprimentou Adalberto
E uma carta entregando
Dizendo: Ali tem cavalos
Selados lhe esperando

Na cartinha assim dizia:
Venho de um lugar distante
Assistir a teu casamento
Que é muito interessante
Desejo falar contigo
Um negócio importante

Sou o teu irmão Clemente
Que venho te procurando
Como eu estou enfadado
Fiquei aqui descansando
Você venha me buscar
Que estou lhe esperando

Vai este meu portador
Neste cavalo selado
Não gasta nem meia hora
Você está ao meu lado
Eu quero ir com você
Assistir a seu noivado

Neste momento Adalberto
Encheu-se de emoção
Pois já fazia seis anos
Que não via seu irmão
Pediu licença e saiu
Nesta mesma ocasião

Saiu montado a cavalo
Pela estrada galopando
Sentiu uma aragem fria,
A luz do sol fracassando
E não viu mais o caminho
Por onde ia passando

Ficou em estado de transe
Como quem estava sonhando.
Quando a vista clareou
Um jardim foi avistando.
Era a mansão do Divino
Um anjo foi lhe falando

Disse o anjo: Adalberto
Pra você não é surpresa
De vir cumprir sua jura
Perante esta grandeza
De casar com Alzenira
Por ordem da Natureza

Adalberto admirado
Naquela rica mansão
Foi encontrando Clemente
O seu legítimo irmão.
Se deram muitos abraços
E um aperto de mão

E seguiu com o Clemente
Para outra direção
Foi encontrando Alzenira
Na mais linda perfeição.
Deu-lhe um saudoso abraço
Como se fosse um irmão

Alzenira disse: Adalberto
A vida não vale nada
Se nasce sempre chorando,
Chorando sempre se acaba,
Toda riqueza da terra,
Na terra fica enterrada

Vês aquelas sete cintas
E sete vastas campinas
Este campo cheio de árvores
Com as folhas purpurinas
E sete lagoas d'águas
São puras e cristalinas?

Esta é a mansão divina,
Este é o trono real,
Descanso das almas santas,
Morada celestial,
Para quem amou a Deus
Na vida material

Aqui não existe noite,
Nem sono para dormir,
Não há fome nem miséria,
Vivem todos a sorrir,
Quem faz o bem lá na terra
Aqui no céu vem se unir

E saíram conversando
Até chegar ao portão.
Alzenira disse: Volte
Pela mesma direção
Vá deixar o pó na terra
E volte para a mansão

Em menos de um segundo
Na terra tinha chegado
Dirigiu-se para a casa
Onde tinha morado
Notou grande diferença,
Tudo estava mudado

No lugar da casa tinha
Grande árvore sombreando
Na sombra tinha um velhinho
Assentado, descansando
Adalberto perguntou-lhe
O que estava se passando

Por que só faz meia hora
Que esta cidade eu deixei,
Agora está diferente
Nada que tinha encontrei.
Cadê os meus convidados?
Disse o velhinho: Não sei

Mas seu povo já morreu
As almas Deus já levou.
Já faz cento e dez anos
Que você se ausentou.
Aqueles prédios antigos
De um a um se acabou

O velho deu-lhe um espelho
Disse: Olhe o rosto seu.
Olhou-se, estava tão velho
Que nem se reconheceu
Naquele mesmo momento
Tombou por terra e morreu

Voltou novamente ao céu
Como Alzenira o ordenou.
Na corte celestial
Sua noiva lhe esperou
No altar da Virgem Santa
Com Alzenira casou

São João foi a testemunha
Padrinho do casamento
Os anjos tocaram hino
Pelo acontecimento
De um "Casamento no Céu"
Cumprindo-se um juramento

Celebrou-se o casamento
Numa perfeita harmonia.
Onze mil virgens cantaram
Na festa daquele dia,
Os sinos saudosos tocaram
Badaladas da Ave-Maria.

Houve a festa lá no céu
Numa beleza sem par.
As almas dos pecadores
Não precisavam pensar
A entrada estava franca
Para quem quisesse entrar

Os inimigos da paz
Já tinham pegado a reta.
Quem na terra fez o bem
Teve salvação por certa:
Três dias Pedro deixou
A porta do céu aberta

Chegaram muitos cantores
No palco da diversão
E Vicente Celestino
Trazendo seu violão
Cantou a "Porta aberta"
Ritmando uma canção:

Porta aberta

Vinha, por este mundo sem um teto,
Dormia as noites nos bancos toscos de jardim.
Sem ter a proteção de um afeto,
Todas as portas estavam fechadas para mim!
Mas Deus, que tudo vê e nos consola,
em seu Sagrado Templo me acolheu,
Além de me ofertar aquela esmola,
Meu destino transformou,
Meu sofrimento acabou
E a minha vida renasceu...

Porta aberta

Tens o emblema de uma cruz,
Esta porta não se fecha,
Contra ela não há queixa,
São os braços de Jesus

Porta aberta

Por Jesus de Nazaré
Que fundou um bom caminho
Hoje é meu doce ninho
Novamente deu-me a fé

Porta aberta

Já não vivo mais ao léu...

Porta aberta

Ao transpor entrei no céu...

Porta aberta

Nunca mais hei de esquecer
que esta porta é minha luz,
é o bem que me conduz
Desde o berço até morrer...

O valente Cascavel do sertão alagoano

Tem gente que gosta muito
Das belezas do sertão
Das festas de vaquejada,
Corridas de apartação,
Já outros dão uma "banda"
Por um cabra valentão

Antigamente viveu
Um sujeito valentão
Perverso de fazer medo
Malvado de profissão.
Tinha mais crimes na terra
Do que pedra no sertão

Tinha gênio de pantera,
As bravuras de um leão
Um cascavel assanhado
Tinha mais educação.
No peito a patente
De criminoso e ladrão

Seu nome era Sincinato
E por Cascavel chamado.
No dia que se danava
Trazia tudo assombrado
Quando entrava na cidade
Dava logo um feriado

Na sua vida perversa
Nada tinha de segredo
Morava no município
Da cidade de Penedo
No estado de Alagoas
Na fazenda do Lajedo

Insultava todo mundo
Fazia grande destroço
Agarrando um valentão
Torcia logo o pescoço
Depois se montava nele
Quebrava osso por osso

Não havia quem lutasse
Com esta fera assanhada
Se alguém lhe desse bom-dia
Estava feita a zoada
Se o negro era bom no soco
Muito mais na cabeçada

Esta fera insolente
Era pior que o cão
Matava qualquer pessoa
Sem nenhuma compaixão
Cortava logo a orelha
Pendurava num cordão

E guardava com cuidado
A orelha do freguês
Para ficar por lembrança
Dos crimes que ele fez
Para não perder a soma
Dos que matava por mês

Chegou ele um certo dia
Na fazenda do Simão
Do fazendeiro mais rico
Que tinha na região
O homem mais respeitado
Na fama de valentão

Deu meia dúzia de tiros
Na porteira da fazenda
Assombrando todo mundo
Com esta cena estupenda
Foi dizendo: Hoje aqui
Não vejo quem se defenda

Gritou para o fazendeiro:
Daqui não corre ninguém
Sou mais veloz que o vento
Mais pesado que o trem
Quando entro numa briga
Valente não me detém

O fazendeiro respondeu:
Mas que moleque atrevido
Sujeito vil, sem-vergonha
Que descarado "lambido"!
Tu hoje ficas sabendo
Que encontraste marido

E não findou a palavra
Foi pelo negro agarrado
Rolando os dois pelo chão
Um no outro aberturado.
Logo o patuá do negro
Ficou todo esfarrapado

Quando Cascavel deu fé
Que o patuá se quebrou
Avançou como uma fera
Um grande soco mandou
Recebeu outro na cara
Que a venta destampou

O negro avançou de novo
Mandou outro bofetão
O fazendeiro abaixou-se
O negro deu-lhe um trancão
Já estava desconfiado
Que perdia na questão

Bateram de mão às armas
No meio do fumaceiro.
Se um era violento
O outro era mais ligeiro.
Nisto o negro foi dizendo:
Te preparas fazendeiro

Naquela luta tremenda
O mundo escureceu
Brigaram mais de uma hora
Cascavel foi quem venceu
Depois da luta gritou:
O mandão daqui sou eu!

Pendurou o fazendeiro
Estrepado pela goela:
Sangrou a dona da casa
Carregou a filha dela.
Saiu de estrada afora
Pior que a febre amarela

Adiante o desordeiro
Encontrou um cidadão
Meteu-lhe o punhal no peito
Arrancou-lhe o coração
Salgou para tirar gosto
De cachaça com limão

Passou no pé de um serrote
Arrodeando o oiteiro
Mais adiante ele entrou
Por dentro do tabuleiro
Em procura da fazenda
Do coronel João Vaqueiro

Nas sombras de um arvoredo
Às margens do Murici
Arriou a sua tenda
Para descansar ali
Por achar o lugar bom
Disse: Vou dormir aqui

Às quatro horas da tarde
Avistou a força horrenda
Que vinha se aproximando
Lá das bandas da fazenda.
Consigo mesmo pensou:
Esta agora é de encomenda!

Se encostou no pé da árvore
Quando a polícia chegou
Lhe deram voz de prisão
Cascavel não se entregou
E naquela mesma hora
Grande luta começou

Eram quarenta soldados
Um chefe e um capataz.
Avançaram para o negro
Pior que o Satanás.
O negro mandou o ferro
Com seu instinto voraz

Pegou logo o capataz
Deu-lhe um estouro no chão
Torceu o pescoço de outro
Nesta mesma ocasião
Deu um tiro bem na testa
Do chefe do batalhão

Brigava de todo jeito
Este monstro endiabrado
Rasgava bofe de gente
Com seu punhal afiado
Depois lambia o punhal
Pra se lembrar do finado

Mordia um, rasgava outro
Brigando desassombrado,
Furava bucho de gente
Jogava as tripas de lado
E bebia o sangue quente
Quando sangrava um soldado

Dos quarenta homens que tinha
No gatilho da espingarda
Seguiram uns pela frente
E outros na retaguarda
E um soldado escondido
Atirando de granada

No meio daquela luta
Os galhos de pau caindo
Soldados caindo mortos
O sangue no chão cobrindo
O negrão deu logo fora
Pelo mato se sumindo

No meio da grande luta
Foi embora o desordeiro
Os soldados o perseguiram
Mas não acharam o roteiro
Parece que se encantou
No meio do tabuleiro

O povo lá do sertão
Tinham todos se mudado
Deixaram casas e fazenda
Em busca de outro estado
Com medo do Cascavel
Perigoso e desgraçado

Outro dia este bandido
Chegou em outra cidade
Matou logo três pessoas
Com grande perversidade.
Deu uns tiros pelas portas
Insultando a autoridade

Logo chegou a polícia
Para cumprir o dever
Lhe deram voz de prisão
Ele não quis atender
Abriu fogo na polícia
Ninguém o conseguiu prender

Nesta hora o Cascavel
Nem perguntou o que havia
Meteu-se no meio da luta
Com a maior tirania
Dizendo: É duro por duro
Soldado não tem valia

Emburacou pela feira
Quebrando tudo que tinha
Os soldados acompanharam
Pela feira da farinha
Num tiroteio cerrado
Formaram fogo de linha

O negrão brigava às soltas
Como quem perde o conceito
Quebrando mesa e balcão
Levando tudo de eito
Veio uma bala arrancar
A oração do seu peito

O negro aí conheceu
Que a luta estava ruim
Pois não podia brigar
Sem "Oração do Bom Fim"
Meteu-se por um esgoto
Da Usina do Jardim

Ficou todo enlameado
Pior que o Satanás
Tocou fogo na usina
E matou lá um rapaz
E logo se escapuliu
Pelas portas de detrás

Aquele monstro esquisito
A vila continuava
Matando gente e roubando
O que na vista encontrava
E as moças mais bonitas
O infeliz carregava

No estado de Alagoas
Chegou em outra fazenda
Falou para o fazendeiro
Dizendo: Amigo se renda!
Quero levar sua filha
Aquela mimosa prenda

O velho disse: Bandido
Você agora encontrou
A descarga deste rifle
É a moça que te dou
E manobrou a alavanca
No cangaceiro atirou

Mas o monstro se livrou
Na mesma ocasião
Partiu para o fazendeiro
Derrubou ele no chão
Inqueriu-o todo de cordas
E amarrou no mourão

Tirou a roupa da velha
Tocou fogo na calçada
E entrou de casa adentro
Naquela hora assustada
E para o quarto da moça
O negrão tomou chegada

Deixemos aqui o negro
Fazendo a perversidade
Para falar num rapaz
De vinte anos de idade
Educado e elegante
De boa capacidade

Um dia disse a seus pais
Que muito se interessava
De conhecer o Brasil
A terra que tanto amava
Mas seu pai logo lhe disse:
Que nisto não concordava

De tanto o rapaz pedir
O pai lhe deu permissão
Armando seguiu viagem
Nesta mesma ocasião
Despediu-se de seus pais
Deixando o vasto sertão

Deixou ele a Paraíba
Atravessou outro estado
Numa fazenda que tinha
Trabalhou como empregado
E lá passou quase um ano
Trabalhando alugado

Depois desta temporada
As suas contas pediu
Muito calmo e educado
Do patrão se despediu.
Para o sul de Alagoas
A viagem prosseguiu

Montado em seu cavalo
Forte, gordo e arreado
Um rifle e uma cartucheira
E um punhal a seu lado
O sertão naquele tempo
Era ermo e intransitado

Armando era um moço nobre
Que nunca insultou ninguém
Respeitava todo mundo,
Todos lhe queriam bem
E no manejo das armas
Sabia brigar também

Deixemos aqui Armando
Naquele sertão tirano
Vamos tratar do bandido
O Cascavel desumano
Na fazenda São José
No sertão alagoano

O negro dentro da casa
Feito um lobo carniceiro
Queimando tudo que tinha
Na casa do fazendeiro.
A velha corria nua
Com o maior desespero

A moça correu também
E o malvado agarrando
Ela pedia socorro
O bandido a sustentando
Naquele mesmo momento
Que Armando foi chegando

Saltou do cavalo abaixo
E entrou logo na casa
Dizendo para o bandido:
Você hoje se arrasa.
Solte a moça desordeiro.
Foi logo mandando brasa

Eram dois touros na luta
Que o fumaceiro cobria.
Atiravam por tabela
Nem um nem outro corria.
Quando pisavam no chão
A casa estremecia

Armando disse: Negrão
Aqui é duro por duro
Segure as armas na mão
E vamos para o apuro
Quem for mole vai ficar
Dormindo no pé do muro

Os dois lutando agarrados
Quebraram cama e cadeira,
Arrebentaram o fogão,
Derrubaram a prateleira
O resto já se queimava
Ardendo numa fogueira

Saltaram para o terreiro
Quebraram o curral que tinha
Arrodearam a casa
Entraram pela cozinha
O negro se viu estreito
Entrou pela camarinha

Voltaram para o salão
Ali o rapaz gritou:
Negro agora te prepara
Que tua hora chegou.
Os dois aí se agarraram
E a briga continuou

E o patuá do negrão
Já tinha virado um facho.
Armando fez um manejo
E deu-lhe um tiro por baixo
O negro se balançou
E a bala cortou-lhe o cacho

O negro aí se acabou
Foi este o destino seu
Armando tirou-lhe o couro
Em uma pedra estendeu.
A carne deste bandido
Nem o urubu comeu!

O negrão perdeu a vida,
O fazendeiro escapou
Armando em pouco tempo
Com Helena se casou.
Foi bom filho, bom esposo
Muito rico terminou

Manoel Caboclo e Silva
Afirma porque conhece:
Não tendo paz e amor
O homem abisma e fenece
E havendo fraternidade
Ligeiro a fortuna cresce

O homem que deu à luz um menino

O poeta é um repórter
De pensamento ligado
Ouvindo o que o povo diz
Fazendo todo apanhado
E sai contando na rua
Tudo quanto foi passado

Se viu na televisão
Contando toda verdade
Que um cientista disse
Que há possibilidade
De um homem ter um filho
Havendo oportunidade

Agora chegou o tempo
Das coisas tudo mudar
O homem ficar em casa
E a mulher vai trabalhar
Não querendo ter mais filhos
Mandando a trompa ligar

Com esse aperto de vida
Aumenta o peso da cruz
A fome avança no lar
O dinheiro se reduz
Apareceu este meio
Para o homem dar à luz

Começou por Zé Totonho
Maria da Conceição.
A mulher disse para ele:
Vou fazer a ligação
Eu não quero mais ter filhos.
Totonho disse: isto não

Ele disse Mariquinha
Isto você não arranja
Porque deixa a mulher fria
Igual a um pinto de granja
A mulher disse eu vou
Nem que o diabo "franja"

A mulher do meu vizinho
Tem quase setenta anos
Fez agora ligação
Para não perder os planos
E eu vou fazer também
Pra não haver desenganos

Seguiu dali foi ao médico
E fez logo a ligação
Para nunca mais ter filhos.
Totonho disse então:
Saiba que eu vou embora
E arrumou o matulão

Daquele dia por diante
Totonho se ausentou
E não dormiu mais em casa
Num cabaré se arranchou
Quando menos esperava
Totonho engravidou

Nisto ele conheceu
Que a mulher tinha razão,
Vendo o bucho crescer
Totonho passava a mão
O menino dava pulos
Parecia um tubarão

Segurado numa corda
Totonho em agonia
Se contorcendo de dores
O menino estremecia
E a negrada dizendo:
Zé Totonho vai dá cria?

Chamaram dona Maria
Para pegar a criança
A parteira experiente
Disse logo sem tardança
Pra este menino nascer
Precisa cortar a pança

Mandaram chamar um médico
Que era a única esperança
Quando o médico chegou
De Totonho cortou a pança
No dia 4 de agosto
Nasceu a dita criança

Deu-se um grande rebuliço
Quando o menino nasceu
Às doze horas da noite
Um terremoto se deu
Pro lado do estrangeiro
Que muita gente morreu

Os galos se espantaram
Numa zoada tremenda
Os cachorros alarmaram
Numa enorme contenda
Todo povo admirado
De ver aquela legenda

Nisto o menino falou
Para o povo que assistia
Dizendo meu pai agora
Me leve à água da pia
Porque este mundo velho
Está chegando o último dia

Desde o ano de oitenta
Quando começou o jogo
As coisas mudaram muito
O mundo vai pegar fogo
Já foi marcado por Deus
Não adianta mais rogo

Logo o menino calou-se
O pai ficou conformado
Dizendo isto acontece
A quem está desempregado
Mas minha mulher trabalha
Vai criá-lo com cuidado

Mariquinha disse: Totonho
A preguiça é um horror
Quando se perde o emprego
Procura outro qualquer for
Pois nunca falta serviço
Pro homem trabalhador

Totonho lhe respondeu:
O trabalho é muito ruim
Abandonei a enxada
Pode ela levar fim
Quando eu puxava por ela
Ela puxava por mim

É melhor se ter um filho
E durante seu resguardo
Beber caldo de urubu
Comer cururu torrado
Ou ser um guia de cego
De que ir para o roçado

A mulher disse Totonho
Esse ato é muito baixo
Eu não sou bananeira
Pra criar filho de macho
Vou chamar Zé capador
Para derribar-lhe o caixo

As despedidas do Papa quando saiu do Brasil

Ó Deus do céu ajudai-me
Com pensamento gentil
Pra descrever as lembranças
Saudades são mais de mil
Das despedidas do Papa
Quando saiu do Brasil

O nosso padrinho Cícero
A seus romeiros dizia
Que de Roma o santo Papa
Pelo mundo sairia
Várias nações visitando
Numa grande romaria

Quando isto acontecer
Estão chegando os finais
Vem a grande corrupção
Vêm os castigos fatais
Vem grande poluição
Dos inventos mundiais

As suas santas palavras
Jamais caíram no chão.
Agora o santo Papa
Anda em peregrinação
Em muitas nações do mundo
Cumprindo a santa missão

Portanto estas visitas
Que João Paulo Segundo
Numa peregrinação
Vem fazendo pelo mundo
Com a sua humildade
De um espírito profundo

Nestas peregrinações
Que já vem fazendo há anos
Já visitou os países
Europeus e africanos
Até mesmo os asiáticos
E uns três americanos

As visitas do santo padre
Nos imita muito bem,
Jesus Cristo e o apóstolos
Ensinando o sumo bem,
Com a multidão de lado
Entrando em Jerusalém

Durante séculos e séculos
Um papa do Vaticano
Fez a peregrinação
Com tanto calor humano
Como houve no Brasil
País metropolitano

De Roma primeiro veio
Ao Brasil um mensageiro
Para avisar ao povo
E preparar o roteiro
Da vinda do santo padre
Ao país brasileiro

Viajou Paulo Segundo
Com a sua comissão
No grande aeroporto
Baixou no seu avião
No Internacional
Que fica no Galeão

Quando a porta se abriu
Se viu João Paulo Segundo
Uma santa personagem
Que agradou todo mundo
Curvou-se, beijou a terra
Com grande amor profundo

Com um gesto de nobreza
Saudou primeiro a nação
Abraçou aquela gente
Quer seja católico ou não
Falou em diversas línguas
Botou a santa bênção

Abraçou o presidente.
Seguiu para a catedral
Num carro aberto acenando
Para todo pessoal
Quando subiu ao altar
Ouviu-se um viva geral

Foi pra outra capital
Visitar o padroeiro
Mártir são Sebastião
O patrono verdadeiro
Daquela bela cidade
Saudosa Rio de Janeiro

Ali perante o altar
Fez uma saudação
Para o povo brasileiro
No meio da multidão
Abraçou as criancinhas
Com todo seu coração

Dali fez uma visita
Ao monte do Corcovado
Subiu a pé os degraus
Sem mostrar nenhum enfado
Foi ao Cristo Redentor
Onde estava ornamentado

De lá foi a Mato Grosso
Amazonas e Paraná
Minas Gerais e Recife
Teresina e Ceará
Abriu décimo congresso
Depois seguiu pro Pará

Foram quatorze cidades
Que no Brasil se reveste
O santo Papa de Roma
Pede ao Criador celeste
Pela paz do mundo inteiro
E defender o Nordeste

Celebrou a santa missa
Em pleno campo de glória
Não se contam os monumentos
Porque não fica em memória
Desta festa no Brasil
Que passou para a história

Visitou os bairros pobres
E orou numa capela
No bairro do Vidigal
O Papa celebrou nela
E depois abençoou
Todo povo da favela

Pois a vontade do Papa
É do povo estar bem perto
Com viva voz ensinando
De Deus o caminho aberto
Para todos que vacilam
Ignoram o trilho certo

Uma mensagem de Deus
O santo Papa pregou
No final das santas bênçãos
O Papa também cantou
E depois do Senhor Deus
O Papa assim perguntou:

– Pra onde vais meu irmão?
– Eu falo; Ninguém responde!
– Pra onde vais caminhante,
Dos opressores te esconde?
– Sigo desorientado
Não sei ainda pra onde

Nestas interrogações
Vive toda humanidade
Caminhado sem saber
Pra onde vai na verdade
Todos vivem vacilando
Sem achar seguridade

Terminou sua missão
E por esta forma falou:
Findei a minha visita
Adeus, Adeus, já me vou,
Até logo, Até breve!...
Para Roma viajou.

Da porta do avião
O Papa ainda acenou
Foi falar porém não pôde
A emoção não deixou.
Entre cinqüenta milhões
De fiéis, alguém chorou.

Para nós foi uma honra
Que nos deixou delirante
Em receber no Brasil
Esse santo visitante,
Que é no mundo em geral
De Deus o representante.

O povo cantaram:
Quem parte leva
Saudade de alguém
Que fica chorando de dor.
Quando partiu
Meu grande amor.
Ai, Ai, Ai, Ai!...
Está chegando a hora
O dia já vem raiando meu bem
Eu tenho que ir embora!...

A discussão do Caboclo com Severino Pavão

No ano de trinta e quatro
A vinte e três de são João
Às nove horas do dia
Me entregaram um cartão
Que tinha as iniciais
De SEVERINO PAVÃO

No cartão dizia assim:
Sou o rei da poesia
Só canto com cabra bom
Que sirva pra cantoria
Eu mandei logo chamá-lo
Na tarde do mesmo dia.

O povo já conhecia
Minha vida afamada
Eu só ia a uma cantoria
Com uma aposta firmada
Para o cantor que perdesse
A viola ser quebrada

Na Fazenda do Angico
Nesta noite de são João
Só era em que se falava
Numa grande discussão
Para quebrarem a viola
De Severino Pavão

As mulheres apostavam
As galinhas do terreiro
E os homens apostavam
Cavalo, burro e carneiro
Tinha cabra que aposta
De cem mil réis em dinheiro

O dono da casa disse:
Quem for mais vantajoso
Quebra a viola do outro
Porque foi vitorioso
Embora o que apanhar
Saia daqui desgostoso

Eu fui tocando um baião
Puxando ao som de viola
Severino acompanhando
Tocando muito pachola
Sua viola imitava
O som de uma vitrola

Foi feita a saudação
Numa grande cortesia
Para todos convidados
Do povo da freguesia
Às sete horas da noite
Começou a cantoria

Me conte seu Severino
Qual é a sua intenção
De chegar nesta fazenda
Com a viola na mão
Se pensa em cantar comigo
Já perdeu a profissão

S – Fique sabendo Caboclo
Não é como você diz
Eu moro no Piauí
Mas vim aqui porque quis
Sou brasileiro e tenho
Direito neste país

C – Pois você só foi feliz
Enquanto não veio aqui
Parece que vem correndo
Das terras do Piauí
E vem se entregar à morte
Nas águas do Cariri

S – O povo na gargalhada
no ponto de mangação.
Diziam: Quebra a viola
de Severino Pavão!
Ele mudou a toada
e eu mudei o baião

C – Cantor malcriado
Comigo não pode
Pois não adianta
Cantar ao meu lado
É muito atrasado
Sem composição
Com malcriação
Já disseram a mim
Que a sujeito ruim
Não se dá atenção

S – Você diz que canta
Pronuncia bem
Já disse que tem
Talento de anta
E tudo é garganta
Eu não acredito
Por causa de grito
Hoje eu notei
Tu entra na lei
De Chico de Brito

C – Isto rouba e mente
Blasfema e censura
De tudo esconjura
Só quer ser valente
É muito imprudente
Quando se embriaga
Compra e não paga
Sujeito nojento
Que até no vento
Ele roga praga

S – Isto é feiticeiro
Bruxo de renome
Vira bicho e come
Frango no poleiro
Limpa o terreiro
Não deixa um plebeu
Um urubu morreu
Ele pregou na asa
Levou para casa
Assou e comeu

C – Quem olha este ente
Fica amorrinhado
Com febre, cansado
E dá dor de dente
Cega de repente
Com erisipela
E dá logo uma péla
E dor de ouvidos
Dá logo gemidos
Com dor na goela

S – Micróbio maldito
Fantasma infernal
Agente do mal
Perverso, esquisito
Perna de cambito
Pai de cururus
Chefe de cafus
É o que adotas
Judas Iscariotes
Que vendeu Jesus

C – És mais atentado
Que guia de cega
Moleque em bodega
Faz menos cuidado
Não é educado
E não tem pestana
Ladrão de banana
Que ainda este mês
Esteve no xadrez
Mais de uma semana

S – Cabra patoqueiro
E audacioso
Velhaco invejoso
Bicho interesseiro
Larápio, enredeiro
Covarde, cretino
Sujeito mofino
Coleteador
És um sedutor
Pedante, assassino

C – Alpargata de cego
Arroto de gato
Carrapato chato
De macaco prego
Eu te arrenego
Pintura do cão
Bucho de surrão
Boca de fornalha
Esteira de palha
Perna de tição

S – Bicho de monturo
Boca de centrina
Chaminé de usina
Saltador de muro
Cabra sem futuro
Praga de cigano
Jumento cabano
Olho de cavalo
Língua de badalo
Orelha de abano

C – Cachorro espritado
Olho de jibóia
Tiranabóia
Cobra de veado
Amaldiçoado
Inseto azarento
Gato rabugento
Piolho do cão
Fala de visão
Timbu fedorento

S – Ladrão de galinha
De peru e pato
De cachorro e gato
De milho e farinha
E de bacorinha
Arroz e feijão
Café e sabão
Açúcar e tabaco
Este puxa-saco
Não quer ser ladrão

Me levantei da cadeira
Fedendo a chifre queimado
Dizendo não canto mais
Porque não sou obrigado
Eu não quero mais cantar
Vou cuidar em trabalhar
Que dá melhor resultado

Dali eu saí correndo
E no passar da porteira
Arrebentei a viola
Num toco de aroeira
Enquanto eu me lembrar
Nunca mais quero cantar
Nem mesmo de brincadeira

Não vejo homem na terra
Para fazer eu cantar
Se me derem uma viola
Afinada pra eu tocar
Ainda sendo na festa
Quebro a viola na testa
De quem vier me chamar.

Manoel Caboclo e Silva
Afirma perfeitamente
Não canta, mas escreve
Os versos corretamente
E manda para o cordel
Literatura da gente.

Bibliografia

Almeida, Átila & Sobrinho, José Alves. *Dicionário bio-bibliográfico de repentistas e poetas de bancada*. Vol. 1, João Pessoa, Universitária, 1978.

Antologia da literatura de cordel. Coleção Povo e Cultura. Vol. 2, Fortaleza, Secult, 1980.

Batista, Sebastião Nunes. *Antologia da literatura de cordel*. Natal, Fundação José Augusto, 1977.

Bolleme, Geneviève. *O povo por escrito*. São Paulo, Martins Fontes, 1988.

__________. *Les almanachs populaires aux XVII et XVIII siècles. Essais d'histoire sociale*. Paris, La Haye, Mouton, 1969.

Câmara Cascudo, Luis da. *Dicionário do folclore brasileiro*. Rio de Janeiro, Ediouro, s.d.

Carvalho, Gilmar de. *Publicidade em cordel*. São Paulo, Maltese, 1994.

__________. *Madeira matriz*. São Paulo, Annablume, 1999.

Davis, Natalie Zemon. *Culturas do povo*. Rio de Janeiro, Paz e Terra, 1990.

Ferreira, Orlando Costa. *Imagem e letra*. São Paulo, EDUSP, 1997.

Israel, Dr. *Lunário moderno*. Juazeiro do Norte, Folhetaria Silva, s.d.

Lopes, Régis. *João de Cristo Rei*. Fortaleza, Secult, 1994.

Maranhão, Liêdo. *O folheto popular, sua capa e seus ilustradores*. Recife, Massangana, 1981.

Pires Ferreira, Jerusa. *Memória e esquecimento*. Salvador, Fundação Casa de Jorge Amado, 1991.

__________. *O livro de são Cipriano, uma legenda de massas.* São Paulo, Perspectiva, 1992.

Porto Alegre, Silvia. *Mãos de mestre.* São Paulo, Maltese, 1994.

Silva, Manoel Caboclo e. *Eu, o índio e a floresta. Fortaleza*, Secult, 1994.

Sobreira, Geová. *Xilógrafos de Juazeiro.* Fortaleza, Edições UFC, 1984.

Sodré, Nelson Werneck. *História da imprensa no Brasil.* São Paulo, Martins Fontes, 1983.

Zunthor, Paul. *A letra e a voz.* São Paulo, Companhia das Letras, 1993.

__________. *Introdução à poesia oral.* São Paulo, Hucitec, 1997.

Próximos lançamentos da Biblioteca de cordel

Leandro Gomes de Barros *por* Joseph Luyten
João Martins de Athayde *por* Mário Souto Maior
Raimundo Santa Helena *por* Braulio Tavares
Minelvino Francisco Silva *por* Edilene Matos
Chico Traíra *por* Gutemberg Costa
Ignácio da Catingueira *por* Luis Nunes
José Gonçalves *por* Magna Celi de Sousa
José Honório *por* Maria Alice Amorim
João de Cristo Rei *por* Eduardo Diathay de Menezes
Severino do Horto *por* Regis Lopes

ESTA OBRA FOI COMPOSTA EM WALBAUM MT, LASER FILM, IMPRESSA PELA PROL GRÁFICA EDITORA LTDA. EM PAPEL OFF-SET 90 G/M² EM MARÇO DE 2000.